잉카 신화

게리 어튼 지음 | 임 웅 옮김

범우사

국립중앙도서관 출판시도서목록(CIP)

잉카신화 / 게리 어튼 지음 ; 임웅 옮김. -- 서울 : 범우사, 2003
        p. ;   cm. -- (대영박물관 신화 총서 ; 6)

원서명: The Inca myths
원저자명: Urton, Gary
참고문헌과 색인수록
ISBN   89-08-04232-6 04900 : ₩8000
ISBN   89-08-04159-1(세트)

219.5-KDC4
299.8-DDC21   CIP2003000492

이 책을 읽는 분에게

신화의 어원이 되는 고대 그리스어의 미토스(mythos)는 '신에 대해서 말해지는 어떤 것'을 의미한다. 그리스인들에게, 신화로 표현되는 신의 세계는 로고스(logos)의 세계와 달리 논리적으로 설명되거나 증명될 수 없는 비합리적이고 초자연적인 상상의 세계였다.

레비 스트로스(Claude Levy-Strauss)는 "신화란 일종의 집단적 꿈이며, 그 꿈을 해석함으로써 비로소 감춰진 의미가 드러난다"고 말한다. 이 말에 따르면 신화에서는 인간의 무의식적 욕망이 표현되어 있다고 할 것이다. 잉카 신화를 포함해서 세계 여러 지역의 원시 신화는 사람들이 그들의 존재와 그들을 둘러싸고 있는 자연의 세계를 이해하려는 소망을 표현하고 있다. 요컨대 잉카 신화는 잉카인들의 창작물로서 그들의 사고와 상상력의 범주를 보여주는 증표로 간주될 수 있을 것이다.

잉카 사회에 대한 인류학적 연구는 2차 세계대전이 막을 내린 이후에야 비로소 본격적으로 시작되었다. 1950년대 말경에 수많은 인류학자들이 안데스 산맥 도처에서 일단의 신화와 전설을 수집했다. 오늘날 안데스 산맥 도처에서 발견되는 잉카인들에 관한 수많은 신화들은 주로 잉카 왕의 부활과 천년 왕국의 도래라는 주제를 다루고 있다. 안데스 세계에서 17세기 유럽인의 침입으로 확립되었던 스페인 식민 세계의 파멸과 최고 지배자로서 잉카 왕의 복권을 포함하여 대 변동과 천년 왕국의 도래를 예언하고 있다는 점에서 이 여러 신화는 잉카인들의 믿음과 희망을 담고 있는 것이다. 잉카인들은 스페인 식민자들의 수탈의 역사가 지속되는 동안에도 그들의 고대 신화와 전설 속에서 희망의 메시지를 확인하고 잉카 제국의 부활이라는 희망의 끈을 놓으려 하지 않았을 것이다.

신화를 만드는 것은 인류의 보편적인 특징이다. 특히 신화는 집단 생활을 유지하는 데 매우 중요한 의미를 지니고 있다. 다른 민족들에게서와 마찬가지로 잉카인들에게 있어서도 신화는 매우 중요한 의미를 갖는다. 왜냐하면 잉카인들의 신념, 의식儀式, 관습이 이런 신화를 통해 설명될 수 있기 때문이다.

이 책은 게리 어튼(Gary Urton)의 ≪잉카신화≫(The Inca Myths)를 번역한 것이다. 우리에게 잉카의 역사는 15∼16세기 지리상의 대발견에 따른 서구 열강, 특히 스페인과 포르투갈의 남아메리카 대륙에 대한 식민지 수탈의 역사 정도로만 알려지고 있을 뿐이다. 그리스 로마 신화와 오리엔트 지역의 신화에 비교해볼 때 한때 잉카 제국이 번성했던 안데스 지역의 신화에 관해서는 우리에게 거의 알려져 있지 않다. 요컨대 잉카 역사에 대한 지식의 상대적 빈곤이 잉카 신화에 대한 초보적인 이해마저 어렵게 만들고 있는 것이 작금의 현실이다. 잉카 신화에 관한 책이 전무하다시피 한 상황에서 이 책은 부족하나마 잉카 신화에 대한 초보적인 안내자로서의 역할을 할 것으로 기대한다.

끝으로 인문학 위기의 시대에 살고 있는 인문학 연구자의 한 사람으로 전반적인 출판 시장의 불황으로 인한 많은 어려움에도 불구하고 인문학에 대한 변함없는 애정과 관심을 가져주시는 범우사 윤형두 사장님에게 감사의 뜻을 전한다.

2003년
옮긴이

Inca Myths
by
Gary Urton

차례

머리말   잉카 신화의 배경(공간과 시간) 11

1장   잉카 신화의 연구 자료들   41

2장   우주 기원의 신화 61

3장   잉카국의 기원 신화 83

4장   해안과 지방의 신화 111

5장   과거의 잉카인과 현재의 안데스인 139

참고 문헌 148

색인   153

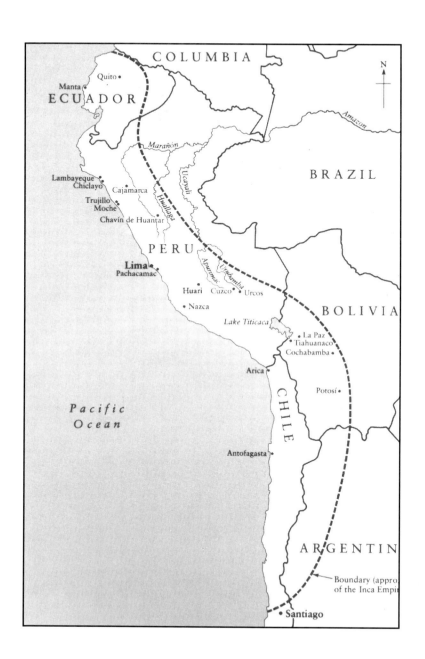

잉카 신화

머리말
잉카 신화의 배경

타후안틴수유(Tahuantinsuyu) 지역과 그곳의 사람들
잉카 제국의 조직
잉카인의 선조

머리말
잉카 신화의 배경(공간과 시간)

타후안틴수유(Tahuantinsuyu) 지역과 그곳의 사람들

잉카인들의 고향인 안데스 산맥은 남아메리카의 서쪽에서 북서 방향으로부터 남동 방향으로 거대한 신경섬유 조직처럼 연결되어 있는 세 개의 평행한 산맥으로 이루어져 있다. 안데스 산맥은 오늘날의 에콰도르, 페루 그리고 볼리비아의 중심을 관통하고 있다 (지도 참조). 오늘날 잉카 제국의 북방 경계선은 에콰도르와 콜롬비아 사이의 국경 근처에 위치해 있다. 반면에 남쪽으로는 오늘날 기다란 띠 모양을 하고 있는 칠레의 거의 중간 지점까지 펼쳐져 있고, 동쪽으로는 아르헨티나의 북서 지역까지를 포함하고 있다. 잉카인들은 이 지역을 네 부분으로 나누었으며, 그들의 제국을 '네 개의 연합 지역'이라는 의미에서 타후안틴수유라고 불렀다.

잉카 제국은 울퉁불퉁한 지형과 산악 지형을 연상케 하는 '안데스 문명'으로 보통 불려지고 있지만, 이런 명칭은 고대 잉카 제국이 지배했던 지역 내에서의 엄청난 환경적 복잡성과 생태학적 다양성을 모호하게 한다. 왜냐하면 안데스 산맥의 울퉁불퉁한 지형이 실제 잉카 제국의 핵심을 이루고는 있었지만, 실제로 잉카 문명에 환경적인 풍요로움과 문화적 복합성을 제공했던 것은 고지대와 고지대에 인접해서 양쪽에 펼쳐져 있었던 좁고 기다란 저지대 사이의 관계였기 때문이다.

이러한 저지대의 좁고 기다란 땅 가운데 하나는 훔볼트 해류(Humboldt Current)의 차가운 물에 의해 침식된 대륙붕의 서쪽 모서리를 따라 펼쳐져 있었던 메마른 해안 사막이다. 수많은 강들이 한때 선先 콜롬비아 문명의 발상지였던 리본 모양의 비옥한 오아시스를 이루면서, 안데스 산맥의 기슭에서 시작되어 이 메마른 해안 평원을 가로질러 서쪽의 태평양으로 흘러 들어간다. 안데스 산맥의 동쪽 모서리를 가로질러 뻗어 있는 또 하나의 저지대는 아마존 강과 파라나(Parana) 하천 지역의 습기찬 열대 삼림 유역을 포함하고 있다.

잉카 제국의 핵심을 이루는 지역인 페루 내부에는 마라뇽 강, 후알라가 강 그리고 우카얄리 강과 같은 아마존 강의 여러 지류들이 북쪽의 산간에서 시작되어, 산맥을 통과함과 동시에 동쪽으로 흐름이 갑자기 바뀌면서 울퉁불퉁한 기슭을 통해서 열대 삼림의 저지대로 흘러 내려간다. 아마존 강 상류 지역과 안데스 산맥의 동쪽 기슭을 연결해 주었던 아마존 강의 지류들은 수천 년 동안 안데스 산맥의 두 거대한 생태학적 지역이었던 고지대와 저지대의 주민들을 연결해 주는 무역로와 통신로의 역할을 수행해 왔다.

따라서 잉카 문명이 번창했던 환경적 무대는 해안, 산맥 그리고 열대 삼림의 세 주요 지역으로 이루어져 있으며, 각각의 지역은 여러 종족들의 근거지였다. 연구자들은 수십 년간의 고고학적 탐사와 초기 식민시대의 보고서들에 관한 연구를 통해 잉카인들과 그들의 이웃이 어떻게 타후안틴수유 지역에 그들의 사회 제도, 경제 제도, 정치 제도 그리고 종교 의식을 적응시켰는가에 대해서 공통된 이해에 도달했다. 잉카인들은 어떤 경우에는 초기 문명의 관습들을 계승했으며, 다른 어떤 경우에는 새로운 제도, 적응 전략, 그리고 지도 원칙과 그 실천 방안을 고안하지 않으면 안 되었다. 우리는 여기서 하나의 제도를 특별히 강조할 것이며, 그 제도가, 적어도 스페인의 식민 지배 이전의 후기 안데스 사회가 이러한 특별한 환경에 적응해 나가기 위해 사용해야 했던 광범위한 적응 전략과 어떤 관계에 있는가를 기술할 것이다. 여기서 다루어질 하나의 제도는 아일루(ayllu)이며, 이것에 대응하는 적응 전략은 다양한 생태학적 지대에서 나오는 자원을 이용하는 것이었다.

아일루는 잉카 문명의 공용어인 케추아 말로 '가족', '정렬' 또는 '부분'을 의미한다. 잉카 제국에 통합된 안데스의 여러 지역에 아마도 수만 개가 퍼져 있었던 것으로 보이는 아일루는 토지를 소유하고 있었던 친족 집단이었다. 각 아일루의 구성원들은 불연속적으로 광범위한 지역으로 퍼져 나갔다. 즉, 아일루의 일부는 중간 고도의 환경에서 살았으며 다른 일부는 높은 툰드라 지대에서 살았다. 그리고 그 밖의 나머지 일부는 산간 계곡과 해안 그리고(또는) 열대 삼림 지대를 포함해 저지대에서 살았다. 아일루 각각의 경제는 생태학적으로 다른 지대에서 살았던 사람들 사이의 물물 교환에 기초하고 있었다.

이러한 물물 교환은 개개의 아일루가 자리잡고 있었던 지역들로의 여행[아마도 라마(아메리카 낙타)를 이용한 대상隊商 행렬이었을 것이다] 중에는 물론이고 몇몇 대표적인 정착지에서 열렸던 아일루 구성원들의 연중 모임 또는 축제 기간에도 계속되었던 것으로 보인다. 개개의 아일루는 조상의 미이라를 보존했다.

조상의 미이라는 집단 전체의 공경의 대상이 되었다. 아일루 축제는 조상의 미이라에 대한 존경을 표시하는 장이었을 뿐만 아니라 아일루의 기원 신화들을 되풀이해서 이야기할 수 있는 무대이기도 했다.

연구자들은 아일루에 덧붙여 종종 잉카 제국의 여러 상이한 '종족'에 대해 이야기하곤 한다. 잉카 제국에서 '종족'은 그들 사이에 높은 수준의 단일성이 인정되었던 개개 아일루의 집합체에 사용된 용어이다. 개개 아일루의 집합체는 (특히 안데스 산맥 남쪽에서) 이른바 연방이라는 것을 구성했다. 잉카 제국의 도처에서 흔하게 볼 수 있는 또 하나의 중간 수준의 집단은 두 집단으로 이루어진 아일루의 집합체였다. 대체로 '상부'(hanan)와 '하부'(hurin)로 나누어 볼 수 있는 두 집단은 지역적으로 중요한 의미를 지니는 지형학적 및 수리학적 분류에서 비롯된 것이다.

이것은 그물 조직의 운하들을 통한 물의 배급에서 분명하게 확인된다. 게다가 이 두 집단의 조상은 그 기원과 전문성에 있어서 서로 달랐던 것으로 생각되었다(예를 들어서 농부/목자, 또는 원주민/침략자). 잉카 문명의 독창성은 수많은 다양한 종족과 자원을 계층화된 단일 조직 사회로 통합시키는 데 성공했다는 점에서 찾을 수 있다. 이것은 정복과 동맹의 과정들을 통해서 그리고 높

석조 모르타르로 빚은 라마의 형상

은 수준의 관료 조직을 통해서 이루어질 수 있었다. 잉카 제국은
높은 수준의 관료 조직으로 수많은 아일루와 종족들 그리고 연방
의 활동을 지도할 수 있었을 뿐만 아니라 필자가 아래에서 이러
한 다양한 집단의 '신화-역사'라고 부르는 것을 통합하고 종합할
수 있었다.

   이 점에 관해서는 콜럼버스 시대에 앞서 안데스 산맥 지대에서
오래도록 전해져 내려왔던 종교적 및 신화적 전승들과 밀접하게
관련되었던 안데스인과 잉카인 사이의 두 가지 중요한 차이를 구
별하는 것이 우선되어야 할 것이다. 그 중 하나는 안데스인과 잉
카인 사이의 종교의 차이이고 다른 하나는 신화의 차이였다.

   전문 연구자들이 일반적으로 이해하고 있는 것처럼 '안데스인
의 종교'는 지방의 땅, 산, 물의 정령, 그리고 제국의 도처에 존
재했던 지방의 아일루와 종족 그리고 조상과 연결된 신들의 존재
를 확인하고 그들에게 경의를 표하는 것으로, 지방에 뿌리내리고
있었던 일련의 믿음과 관습을 의미한다. 이들의 믿음과 관습은

우주 기원에 대한 신화, 인간과 동물 사이에 최초로 맺었던 관계에 대한 신화 그리고 이야기꾼들에 의해 보존되었던 일정 지역 내의 개개 아일루의 조상들과 종족들의 신화적인 만남에 대한 이야기들과 연결되어 있었다.

반면에 '잉카인의 종교'에는 잉카 귀족들과 그들의 종교적·정치적 대리인들이 잉카 제국을 위해 장려했던 믿음과 제례 의식들이 망라되어 있다. 잉카인의 신화는 국가의 믿음과 관습을 잉카 제국의 신민들에게 사회적 맥락을 통해 받아들이게 하고 이해시킴으로써 정당화되었던 신화적 전승들에 대해 언급한다. 비록 안데스인과 잉카인의 종교 사이에 많은 유사점과 연결 고리가 있었다고는 하지만, 안데스인의 종교와 신화의 중심에는 개개의 무수한 아일루와 종족의 조화와 영속이 자리잡고 있었다. 반면에 잉카인의 종교와 신화의 배후에 자리잡았던 추진력은 제국 내의 모든 집단을 잉카인들의 지배권하에 통합하는 것이었다.

잉카인과 안데스인의 종교 의식에서 중심이 되었던 것은 미이라에 대한 숭배와 관심이었다. 말퀴(mallqui)라는 개개 아일루 조상들의 미이라 뿐만 아니라 잉카 왕들의 미이라에 대한 숭배와 끊임없는 관심은 잉카 제국 도처에서 중요한 종교 의식이 되었다. 잉카인과 지방의 신민들은 미이라로 만들어져서 공공 장소에 진열되거나 후손들이 살았던 도시 근처의 동굴에 보관된 조상들의 삶과 행적에 관한 수많은 신화에 대해 얘기하곤 했다. 조상의 미이라를 돌보고 새로운 붕대를 다시 감아주며 그리고 그들에게 먹을 것과 마실 것을 바치는 의식이야말로 계속적인 풍작과 가축들의 다산뿐만 아니라 우주의 질서를 유지하기 위해서도 필요한

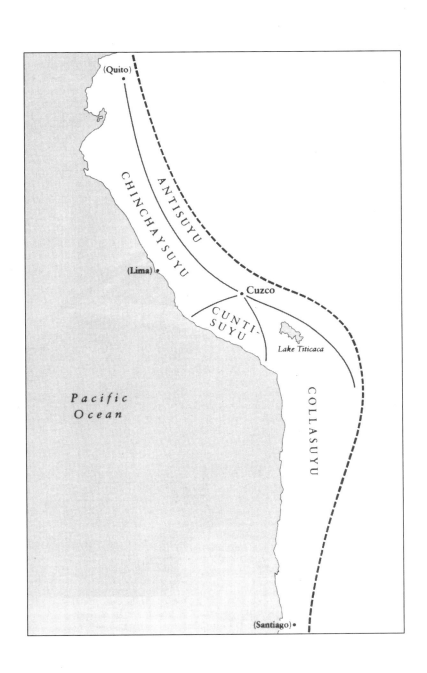

(Quito)

CHINCHAYSUYU

ANTISUYU

(Lima)

Cuzco

CUNTI-
SUYU

Lake Titicaca

Pacific
Ocean

COLLASUYU

(Santiago)

것이었다. 이러한 믿음과 의식은 수세기에 걸쳐 '우상 숭배'의 의식을 유린하고 잉카인과 지방 신민들의 후손을 기독교화하기 위해 혈안이 되어 있었던 스페인 성직자들에게 줄곧 걸림돌이 되었던 게 사실이다.

잉카 제국의 조직

제국의 중심에는 수도인 쿠스코(Cusco)가 대략 해발 3,000m 고도인 페루 남중부 안데스 산맥의 비옥한 계곡에 자리잡고 있었다. 쿠스코는 잉카 왕실의 혈통이 유래되었던 곳이었다. 그곳에서는 1400년대 초 무렵의 어느 시점에서부터 스페인 식민자들이 안데스인들을 정복했던 1532년까지 제국을 통치했던 수십 명의 왕들이 선출되었다. 쿠스코의 주민, 그리고 범위를 넓혀서 제국 전체의 주민은 '지역'을 의미하는 수유(suyu)라는 네 개의 행정 구역으로 나누어져 있었다. 북서쪽에서 시작해서 시계 방향으로 네 지역은 각각 친차이수유(Chinchaysuyu), 안티수유(Antisuyu), 콜라수유(Collasuyu) 그리고 쿤티수유(Cuntisuyu)로 불렸다. 이 지역들은 쿠스코 시내에서 복잡하게 교차되면서 만들어졌다. 쿠스코 시와 쿠스코 시의 네 지역 그리고 제국 전체를 아우르는 진정한 중심은 때때로 태양 사원으로 불렸던 '황금 울타리'를 의미하는 코리칸차(Coricancha)라는 대략 6개의 세트를 이루었던 건축물이었다.

코리칸차의 방 하나에는 과거 잉카 제국 왕들의 미이라가 안치

쿠스코에 있는 코리칸차의 동쪽 방들

되어 있었다. 이들 미이라는 중요한 의식이 거행되는 동안에 코
리칸차에서 꺼내어져서 들것에 실려 쿠스코 시의 중앙 광장 주위
를 행진했다. 코리칸차의 다른 방들에는 창조자 신(비라코차), 태
양의 신, 달의 신, 아침과 저녁의 신 베누스, 천둥의 신, 무지개
의 신 그리고 그 밖에 상대적으로 덜 중요했던 숭배 대상들을 묘
사하고 있는 성상과 신상들이 자리잡고 있었다. 코리칸차가 수도
쿠스코에서 의식 생활의 중심지였다고 한다면 왕궁과 사당 그리
고 쿠스코의 주민은 타후안틴수유(Tahuantinsuyu) 전체 제국을
대표하는 중심점이었다.

제국의 위계 구조 정상에는 사파 잉카(Sapa Inca, 유일한 잉카라
는 뜻)로 불렸던 잉카의 왕이 위치했다. 통치자 잉카는 그 빛과
온기로 안데스 고원의 세계를 살기에 적합한 곳으로 만들어 주었
던 태양(inti)의 현세적인 표현이자 첫번째 왕이었던 만코 카파
(Manco Capac)의 직접적인 후예로 여겨졌다. 왕과 나란히 여왕
(qoya)이라 불렸던 왕의 첫번째 부인이 있었고, 제국의 후기에는
왕의 누이가 이 첫번째 부인이 되었다. 여왕은 매달 주기적으로
차고 기우는 것을 반복함으로써 쿠스코에서 의식 생활의 속도를
확립했던 천체인 달의 신(quilla)이 인간의 몸으로 체현된 것으로
생각되었다. 잉카의 왕과 여왕의 주위에는 귀족들이 자리잡고 있
었다. 그들은 수도 쿠스코에 거주했던 수십여 개의 왕족 아일루
또는 파나카(panaca)로 불렸던 친족 집단이었다. 파나카 집단은
위계상 만코 카파의 후예인 왕들의 혈통에 어느 정도 근접해 있
는가에 따라서 서열이 정해졌다.

왕은 첫번째 부인 이외에도 수십 명의 후처를 거느렸다. 스페

인의 자료를 보면 그 수가 40명에서 100명 사이까지 의견이 분분하다. 왕의 후처들은 종종 지방의 고위층 귀족들의 딸이었다. 잉카인과의 결혼은 그들의 타고난 혈통이었던 아일루의 지위를 끌어올렸다. 후처들의 자식은 하층의 귀족들로 간주되었으며, 그들 가운데 많은 수가 제국의 행정 관리가 되었다. 여기에 하층 귀족을 구성하는 파나카 또는 아일루 혈통의 회계관, 문서 관리인, 점술가, 군사령관 그리고 그 밖의 관리들이 추가되었다.

행정관들이 국사를 감독하고 통제하기 위해서, 특히 국가에서 부과한 노동의 이행을 감독하기 위해서 수도인 쿠스코에서 제국의 네 지역에 파견되었다. 잉카 제국에서는 공공 노동의 형태로 '세금'이 부과되었다. 지방의 개개 아일루는 국가 시설에서 '고용 노동(mit'a)'을 수행하는 것뿐만 아니라 그들 각각의 지방 공동체에서 왕과 신들의 토지를 경작해야 할 의무가 있었다. 이러한 목적을 위해서 납세자들이 십진법상으로 분류되어 조직되었다(즉 5 세대, 10 세대, 100 세대, 500 세대, 1000 세대 등으로 분류되었다). 국가 행정 또한 이와 유사하게 십진법상으로 조직되었다.

각기 수준이 상이한 십진법상의 세대 집단이 하는 일을 감독하도록 감독관들이 임명되었다. 그들은 또한 '매듭'을 의미하는 퀴푸(quipu)라는 표현 수단에 십진법에 기초한 계산법으로 정보를 기록하여 보관하는 일을 하고 있었다. 황제의 전령들은 수도인 쿠스코와 제국 전체에 걸쳐 있었던 지방의 행정 중심지들 사이에 소식을 전달하는 일을 했다.

쿠스코의 광장에서 매일 100 마리에 이르는 라마의 희생제 그리고 10월에 거행되는 달의 축제 이외에도 12월의 동지와 6월의

하지에 거행되는 두 차례의 대규모 태양 축제 같은 수많은 의식과 국가 의례들이 잉카인들의 관리하에 이루어졌으며, 이것은 잉카인들의 통합과 집단 생활의 관습을 신성화했다.

지방에서는 대다수의 주민들이 '위대한 사람'을 뜻하는 하툰루나(hatunruna)라는 평민이었으며, 그들은 다수의 아일루로 조직되었다. 그리고 지방에서는 가장 뛰어난 혈통을 지닌 집단인 쿠라카(curaca)가 세습적인 지배권을 보유했다. 쿠라카는 그들의 고향 땅에서 잉카인을 대신해서 국사를 감독하면서 지방의 권력자로서 그리고 황제의 대리인으로서 행동했다.

수도 쿠스코의 잉카인과 지방민들 사이의 통일과 관련해서 특별히 극적이었던 하나의 의식은 매년 카파코차(capacocha)로 불렸던 특별히 선정된 희생자들(대체로 아이들)을 제물로 바치는 것이었다. 희생자들은 여러 지방에서 수도인 쿠스코로 보내져서 잉카인 성직자들의 손에 의해 신성화된 뒤 성스러운 행렬을 이루며 행진하면서 고향 땅으로 되돌려 보내졌고, 그곳에서 희생물로 바쳐졌다.

식민시대의 기록들을 통해 특별하게 축조된 수갱 분묘에 산 채로 매장된 카파코차들을 확인할 수 있었다. 그리고 최근에는 곤봉으로 맞으면서 제물로 바쳐졌던 카파코차들의 시체가 높은 산 정상에서 발견되기도 했다. 이 모든 경우에 있어 희생자들은 지방 사람들과 수도 쿠스코의 잉카인들 사이에 이루어졌던 동맹의 결속을 입증하는 것이었다. 또한 카파코차들의 희생은 중앙의 잉카인들과 지방의 상층민들 사이의 위계적 관계를 재확인하는 것이기도 했다.

또한 잉카인들은 주민 통제 전략을 통해 일부 아일루 또는 그
들 중 일부를 잉카인의 뜻대로 국가의 공공 사업에서 일하게 하
거나 또는 변경지에서 수비대로 복무시키기 위해 그들의 고향 땅
에서 이주시켰다. 이렇게 이주한 사람들은 미티마에스(mitimaes)
라고 불렸다. 제국 시대에 있었던 이러한 이주와 이에 따른 사람
들의 뒤섞임은 제국 전체의 종족들에게서 보존되고 있었던 출생
지와 신화적 역사들에 대한 관념에 심대한 영향을 미쳤음에 틀림
없다. 마지막으로 야나코나(yanaconas)로 알려진 세습 신분의 종
복들이 있었다. 이들은 왕족의 가신들로서 왕과 고위 귀족의 토
지에서 살면서 일했던 사람들이었다.

세계 도처의 여타 고대 문명에서 나타나는 신화들처럼 우주 창
조의 신화와 잉카인들의 기원 신화는 잉카인들의 지배를 정당화
시켰으며, 사회 전체를 조직하는 위계적인 정치·사회·경제적
관계들을 확립시켜 주었다. 그러나 중요한 것은 잉카인들이 또한
초기 문명에서 그들에게 전수된 많은 지식과 믿음 그리고 관습에
의지했음을 인식해야 한다는 것이다. 이것은 고대 세계의 어떤
국가들도 초기의 왕국 또는 족장이 지배하는 단계의 사회들과 전
적으로 무관하게 발생하지 않았다는 사실에 비추어볼 때 색다른
것이 아니다.

에콰도르 남쪽에서 페루, 볼리비아 그리고 칠레를 통과하는 잉
카 문명과 선先 잉카 문명의 고고학적 유적들은 그 범위가 대단
히 넓고 가지각색이다. 이들 수많은 문화와 관련해서 초자연적
실체들을 나타내는 인간과 동물 그리고 인간과 동물의 합성물을
세밀하게 묘사한 많은 조상과 회화 작품들이 전해오고 있다. 부

하늘 사이에서 평온하게 서 있는 유력자들, 날개 달린 형상들,
의인화된 동물들, 식물과 수중 생물의 그림들을 도자기나 직물,
금세공품 등에서 발견할 수 있고 이런 그림들을 통해 잉카 시대
이전의 토착 신들과 정령들 그리고 그 밖의 신화적 존재들의 특
성과 그들 사이의 관계에 대해 간단한 실마리를 얻을 수 있다.
따라서 적절한 주의를 기울인다면 선先 잉카 문명으로부터 전해
져 내려온 고고학적 기록들과 조상과 회화로 된 기록들을 조사함
으로써 잉카 신화의 전후 관계를 밝히고 그 이해의 폭을 넓힘으
로써 잉카 신화의 의미를 분명히 밝힐 수 있을 것이다.

잉카인의 선조

잉카인은 서남 아메리카인들을 통합했던 최초의 안데스 문명은
아니었다. 사실 고고학자에 따르면 잉카인은 선대인들에게서 물려
받은 제국의 국가 제도와 관습에 의존해서 선대인들이 수세기 동
안에 걸쳐 했던 것만큼 신속하게 통일을 이끌어 낼 수 있었다는
것이다. 고고학자들은 주로 시간을 뛰어넘고 공간을 가로질러 도
자기의 모양과 양식의 연속성과 변화에 기초해서 페루인의 선사
시대를 다섯 개의 주요 시기로 구분했다. 이들 가운데 세 시기는
중앙 안데스 산맥의 광범위한 지역에 걸쳐 예술, 조각, 의식儀式
그리고 경제 분야에서 상대적인 통일성을 보여준다는 의미에서
'수평기'로 알려지고 있다. 세 개의 수평기 사이에 이른바 '중간
기'가 끼어 있다. 이 중간기는 범안데스적이라기보다는 오히려 지

역에 따른 지엽적인 발전의 시대와 과정을 가리키는 용어다.

시기	대략적인 시간의 범위
초기 수평기	900~200 BC
초기 중간기	200 BC~AD 500
중기 수평기	AD 500~1000
후기 중간기	AD 1000~1400
후기 수평기	AD 1400~1532

잉카 지역에 발생했던 최고最古 문명 중 하나는 차빈(Chavín)으로 알려져 있다. 초기 수평기로 규정되는 이 문화는 중부 페루의 고지대 마라뇽 강과 산타 강의 상류에 인접해 두 개의 조그만 강이 합쳐지는 지점에 위치한 차빈 데 후안타르(Chavín de Huantar) 유적에서 그 명칭을 따온 것이다. 차빈 데 후안타르 유적에서는 안데스의 의례상의 중심지들에서 발견되는 모든 장식을 볼 수 있다. 즉 신탁소로 집중된 내부 통로들을 갖춘 석조 표면의 피라미드, 피라미드에서 바깥쪽으로 팔처럼 뻗은 작은 언덕들 사이에 위치한 탁트인 광장들 그리고 독특한 조상과 회화 이미지들을 간직하고 있는 비문이 새겨진 돌기둥과 드문드문 서 있는 조상들의 복합적인 배열들이 바로 그것이다. 차빈 예술의 주제는 해안, 고지대 그리고 열대 삼림의 동물들과 식물들 그리고 수중 생물들로부터 끌어낸 것이다. 이와 유사하게 독특한 조상影像들을 전시하고 있는 유적들은 아마존 강 상류 서쪽으로부터 안데스 산맥의 높은 산간 계곡들을 거쳐 태평양 해안 사막 지대의 푸른 풀이 많

차빈 데 후안타르(Chavín de Huantar)에 있는 사원의 정면 모습

은 계곡들에 이르는 곳까지 자리잡고 있다.

차빈 시대의 조상彫像은 큰 수리와 매 그리고 무시무시한 송곳니를 갖고 있는 것으로 묘사되고 있는 뱀들은 물론이고 인간과 유사한 자세를 취하고 있는 동물들―특히 고양이과의 동물들―을 포함하고 있다. 차빈 예술에서 도처에 등장하고 스페인의 정복기까지 등장할 하나의 공통된 요소는 이른바 '참모 신'들이다. 이들은 정면을 바라보고 서 있으며, 남성과 여성 모두 인간과 동물이 합성된 모습 또는 가면을 쓴 인간의 모습을 하고 있고 양쪽 손에 지팡이 또는 곡물의 줄기(대)를 쥐고 있는 형상을 하고 있다. 하지만 이러한 형상들은 오늘날 페루 전역의 유적들에서 볼 수 있는 차빈 시대의 건축물에서 그리고 예술 작품들에서 눈에

채색 직물에 그려진 차빈(Chavín)시대의 여성 참모 신

띄게 그리고 도처에서 발견되고 있기 때문에, 이러한 형상들은
초자연적인 힘과 여러 유형의 유력자들, 아마도 창조자 신을 표
현하고 있었음이 분명한 것 같다. 이러한 결론은 비슷한 자세를
취하고 비슷한 장비로 무장한 참모 신들이 잉카 시대까지—그리
고 잉카시대를 포함해서—차빈의 예술적 표현들에서 흔하게 나타
난다는 사실에서 보다 더 그럴듯해 보인다.

초기 수평기에 뒤이어 지속 기간에 있어서 초기 수평기와 거의
동일하고, 족장이 지배하는 지역들이 서로 동맹을 맺고 또 안데
스 산맥의 여러 지역들에 걸쳐 있는 사람과 자원에 대한 지배권
을 장악하기 위해 서로 경쟁했던 시기가 찾아온다. 초기 중간기

람바이에퀘 계곡의 작은 언덕 건조물들

모체 계곡에 있는 태양의 성지

열매와 달려가는 사자使者의
모습이 그려진 모체(Moche)산
産 등자 주둥이 그릇

(200 BC-AD 500)로 알려진 이 시기의 특징을 잉카인들이 지방 분권주의와 지역주의로 묘사하는 경향이 있었다는 사실에도 불구하고 초기 중간기를 혼돈과 문화적 퇴보의 시기로 간주하는 것은 잘못일 것이다. 왜냐하면 수많은 중요한 사회적, 정치적 그리고 예술적 혁신이 이 시기에 이루어졌기 때문이다.

예를 들어서 페루 북부 해안의 족장이 지배했던 일부 도시의 건물은 놀라울 정도로 복잡한 도시의 중심을 형성했다. 이것은 태양의 성지(Huaca del Sol), 모체(Moche) 계곡, 팜파 그란데(Pampa Grande), 람바이에퀘(Lambayeque) 계곡과 같은 유적들과 그 주변에서 이루어졌다. 오늘날 페루의 치크라요(Chiclayo) 근처인 시판(Sipan)에서 최근 발견된 지배자들의 묘를 통해 야금술 분야에서도 그들의 고도로 세련된 기술적 수준을 확인할 수 있었는데 이러한 수준은 후기의 안데스 문명에 비견되는 것이었다. 고양이과의 표범 인간과 그 밖의 다른 동물들에 대한 묘사가 풍부했던 이러한 예술 작품들은 어떤 점에서는 차빈 예술을 상기시킨다. 이러한 초상화에 의미를 부여하고 또한 그 모티브가 되었던 신화는 초기와 후기의 안데스 문명들에 의해서뿐만 아니라 페루 북부 해안의 다른 동시대 문명들에 의해 공유되었음이 틀림없다(적어도 그들에게도 이런 신화가 알려져 있었다).

안데스의 신화적 전승 중 특히 초상화에 흥미를 가졌던 학자들의 연구와 추론의 초점이 되어 왔던, 페루 북부 해안에서 출토된 한 무더기의 예술 작품들은 모체산産 도자기의 형태에 그림을 그려 넣은 것들이었다. 특히 일단의 등자 모양의 그릇에서 우리는 인간과 인격화된(인간의 모습을 한) 동물, 새 그리고 수중 생물들의 형상을 보게 된다. 이들 중 일부는 또한 북부 해안(Moche)의 신화에 등장하는 중요한 캐릭터들이었다고 생각된다. 여러 형상들이 자세와 배치에 있어서 너무나 정형화되고 규칙적으로 반복되고 있기 때문에, 학자들은 그 장면들이 극히 제한된 숫자의(예를 들어서 20, 30개의) 널리 공유되고 있었던 신화적 의식의 '주제'들을 묘사하는 것이라고 말하고 있다. 의식儀式과 신화의 배경 그림에는 적군 전사들이 포획되어 제물로 바쳐지는 장면, 신하가 고귀한 지배자, 즉 신에게 신주神酒―몇몇 경우에는 희생자들의 피로 가득 찬 술잔을 의미하는 것으로 보이는―를 바치는 장면 그리고 누군가가 달 모양의 작은 배로 별빛이 밝은 하늘을 통과하는 장면들이 포함되어 있다.

초기 중간기의 페루 남부 해안을 보면, 같은 시기에 북부 해안에서 뚜렷하게 나타나는 것보다 대규모 도시 중심지의 발전에 대

파라카인들의 직물

날개 달린 동물들이 측면을 지키고 주요한 참모신이 중앙에 조각되어 있는 태양 신 티아후아나
코의 문

한 증거가 상대적으로 적다는 것을 알게 된다. 그럼에도 불구하
고 남부 해안에는 피스코(Pisco) 강, 이카(Ica) 강 그리고 나스카
(Nazca) 강 유역의 중심지들과 같이 수많은 의식의 중심지들이
위치하고 있었다. 아마도 이러한 중심지들은 다양한 동기로 이곳
에 모여들었던 서로 다른 종족들이 방문했던 순례지 역할을 했을
것이다. 더욱이 미이라의 매장과 전시로 유명한 초기 수평기와
초기 중간기로 거슬러 올라가면 페루 남부 해안의 강 유역들 안
쪽으로 수많은 공동묘지들이 자리잡고 있는 걸 알 수 있다. 이렇
게 미이라화된 많은 유해들은 자연스러우며 여러 도상들로 이루
어진 아름다운 직물로 장식되어 있다. 연구자들이 바라보는 초기
중간기는 강 유역 주민들의 의식적 관례들(특히 농업과 전쟁에서)

및 신화적 전승들과 관련이 깊었던 시기였다.

중기 수평기(AD 500~1000)로 알려진 콜럼버스 시대 이전 안데스 산맥에서의 문화적 통일기에는 두 개의 정치적 그리고 의식적 중심지가 출현했다. 그 중 하나인 티아후아나코(Tiahuanaco)는 티티카카(Titicaca) 호수의 남부 해안에서 그리 멀리 떨어져 있지 않은 내륙 지역인 볼리비아의 고원(altiplano)에 위치해 있다. 후아리(Huari)로 알려진 또 하나의 중심지는 페루 남중부 고원지대에 자리잡고 있다. 이러한 중심지들로 대표되는 사회는 그것들의 이름을 따서 명명되었다.

티아후아나코와 후아리 사회는 수많은 차이점이 있었음이 분명하지만, 동시에 눈에 띄는 유사점들도 대단히 많았다. 유사점들 가운데 주목할 만한 것은 다양한 수단, 특히 돌, 천, 도자기 그리고 조개를 이용하여 표현된 풍부하고 복잡한 도상들이었다. 종교적 그리고 신화적으로 중요한 많은 묘사들을 티아후아나코와 후아리의 예술 모두에서 흔하게 볼 수 있다. 대개 측면의 모습으로 표현되는 이런 도상들에는 곤봉을 쥔 채 달리고 있는 날개 달린 매 머리의 형상(때로는 머리가 잘린)뿐만 아니라 참모 신에 관한 것도 있다. 티아후아나코와 후아리의 참모 신들이 건축물과 그 밖의 여러 구성물에서 취하고 있는 자세와 위치는 티아후아나코와 후아리의 문화에서 참모 신들의 중요성을 강조하고 있다. 초기 수평기의 차빈 시대에도 이와 유사한 모습들이 발견된다고 볼 때, 차빈 시대의 예술과 티아후아나코와 후아리의 예술 사이에는 아마도 종교적, 의식적 그리고 신화적 연속성이 확인될 수 있을 것 같다. 이른바 비라코차(Viracocha)와 파차카막(Pachacamac)

티아후아나코 지역의 석상

과 같은 잉카 시대의 창조자 신들처럼 티아후아나코와 후아리 사
회의 참모 신들이 인간을 탄생시키고 또 풍요로운 수확과 동물들
의 다산을 책임지고 있었던 것으로 볼 수도 있을 것이다.

티아후아나코 유적에서 참모 신들을 비롯해 땅에 고정되어 있
지 않은 채 서 있는 수많은 석상들은 마치 그것들이 잉카 시대의
여행자들과 순례자들에게 그랬으리라 예상할 수 있는 것처럼 오
늘날 관광객들이 바로 그 자리에서 바라보았을 때 금방 눈에 띈
다. 스페인의 정복에 뒤이은 처음 몇 년 동안 잉카인 보고자들이
스페인 정복자들에게 전하고 있는 바에 따르면 티아후아나코의
조상影像들은 잉카 왕들이 출현하기 이전 시기에 등장했던 초기의
거인족을 대표했다. 사실 오늘날 페루의 대부분 지역에 걸쳐 있
었던 잉카인들뿐만 아니라 그들의 지방 예속민들의 신화에서 자

모체 계곡의 찬 찬 유적에 있는 어도비 소벽小壁

모체 계곡의 머리 둘 달린 뱀 후아카 엘 드라곤(Huaca El Dragon)을 묘사한 어도비 소벽

주 등장하는 주제는 그들의 조상이 티티카카 호수와 티아후아나
코의 유적에서 비롯되었다는 것이었다.

후기 중간기(AD 1000-1400)는 중앙 안데스의 선사 시대에서 두
번째의 지역적 발전기로서, 티아후아나코와 후아리의 중기 수평
기에 뒤이어 등장해서 잉카 문명이 출현할 때까지 존재했다. 시
간적 그리고 공간적으로 잉카 문명이 광범위하게 전파되었던 시
기는 후기 수평기(대략 AD 1400-1532)에 해당된다. 후기 중간기에
출현했으며 안데스와 잉카의 신화 연구에서 특별히 관심을 끌었
던 것은 치무(Chimu)족의 사회였다. 치무는 모체 강 유역의 찬
찬(Chan Chan)을 수도로 했던 페루 북부 해안의 국가 수준의 사
회였다. 치무국으로 통합되었던 찬 찬과 그 밖의 유적에서는 광

활한 광장들과 무덤들 그리고 행정 구역들을 포함하는 대규모의 왕궁터가 발견되었다. 이곳에서는 머리가 둘 달린 무지개 뱀뿐만 아니라 바다새들과 바다 생물들의 반복적인 이미지를 포함해서 다양한 장식을 한 소벽小壁들을 볼 수 있다.

지리-언어학적 명칭에서 종종 융가(Yunga, '저지대')로 언급되는 치무는 특히 두 가지 이유로 잉카 신화의 연구에서 중요하다. 첫째로 초기 식민시대의 문헌에서 신화 시대에 있어 치무와 잉카 왕들의 관계 그리고 이들 두 사회에서 숭배되는 신상神像 들간의 만남을 상술하는 수많은 기록들을 엿볼 수 있기 때문이다. 둘째로 치무국은 잉카 제국 이전에 유일하게 기원 신화가 보존되어 온 안데스의 대표적인 국가이기 때문이다. 이들 신화의 형식과 내용들에 대해서는 나중에 논의할 것이다.

이상의 개관을 통해 잉카인들의 출현을 이끌었던 문화의 연속성과 안데스의 선사 시대에 대한 시대 구분을 대략적으로 조망할 수 있었다. 잉카인들이 역사의 전면에 부상했던 후기 수평기에 이르기까지의 문화적 발전에는 고도로 중앙집권화된 관료 정치, 즉 왕정과 경제적 자원의 지역적(아일루에 기반을 둔)·국가적 재분배, 성직, 조상 숭배 그리고 다양한 수단을 통한 풍부한 예술 전통과 도상학이 포함되어 있다. 헌데 스페인 식민시대의 자료에는 하나의 문명과 그 문화적 양상을 그 다음 세대까지 연결시켜 주는 신적·문화적 주제의 장기간에 걸친 연속성, 어떤 특정한 도상학적 주제(예컨대 고양이과 동물과 인간의 혼혈종, 참모 신, 매의 머리를 가진 전사, 또는 영적 존재)의 지속, 오랜 시간을 통해 이루어진 문화의 혼합을 직접적으로 언급한 고고학적 기록이 없다.

오히려 여기에서는 하나의 문화에서 다른 문화로의 전적인 교체
를 얘기하고 있고, 이로써 잉카의 신화적 전승이 안데스 사회의
신화를 차용하고 재가공하면서 일어났던 장기간의 복잡한 발전
과정의 산물이었다는 개념이 흐려지고 있는 것이다.

　다음 장에서는 우주와 국가 그리고 지방의 신화들에 대한 안데
스 전승들을 상술했던 초기 스페인 식민시대의 자료들을 검토할
것이다.

1장 잉카신화의 연구 자료들

잉카 신화의 주요 연대기 작가들
잉카 신화를 하나로 묶는 지방, 국가 그리고 우주의 주제들

1장 잉카 신화의 연구 자료들

그들 자신과 주위의 세계에 관한 잉카인들의 신화를 오늘날의 우리는 어떻게 알 수 있는가? 사실 이 문제와 관련해서 첫번째로 주목해야 할 것은 현재 '잉카 신화'들과 관련해 언급되고 있는 것들 가운데 안데스의 원주민들이 스페인 식민자들이 도착하기 전에 그들의 언어로 썼던 기록들은 전혀 전해져 내려오지 않았다는 사실이다. 이것은 잉카인들이 문자 체계를 발전시키지 못했기 때문이다.

설령 그들이 문자 체계를 발전시켰다 하더라도, 우리는 여전히 그것을 확인 또는 해독하는 데 성공하지 못했을 것이다. 따라서 이용 가능한 잉카 신화에 대한 모든 설명들은 스페인의 연대기 작가들이나 서기들, 또는 스페인어를 교육받은 안데스의 원주민들에 의해 기록되었다. 이들은 모두 종이 또는 양피지에 펜이나 깃촉으로 썼다.

대다수의 신화는 스페인어로 씌어졌다. 그러나 원주민 연대기 작가인 구아만 포마(Felipe Guaman Poma de Ayala)와 다른 한 명의 원주민 연대기 작가인 파차쿠티 얌퀴(Juan de Santacruz

Pachacuti Yamqui Salcamaygua)의 기록 같은 몇몇 초기 자료들은 케추아(Quechua)어로 알려진 잉카 링구아 프랑카(Inca lingua franca) 또는 널리 사용되었지만 같은 어족의 언어가 아닌 아이마라(Aymara)어에서 유래된 단어, 구句 그리고 문법 구조들이 스페인어와 섞여 씌어져 있다. 아이마라어는 일반적으로 티티카카 호수 주변과 그 남부, 즉 오늘날 볼리비아 지역의 대부분에서 사용되었고 지금도 여전히 사용되고 있다.

토착어로 쓰여진 잉카 신화의 이야기들이 존재하지 않는다는 점에 주목하는 것은 물론이고, 초기 식민시대에 잉카 신화와 역사의 수집과 기록에서 특별히 토착적 기록 수단인 퀴푸의 역할을 올바르게 평가하는 것 또한 중요하다. 케추아어로 '매듭'을 뜻하는 퀴푸는 잉카인들이 국세 조사 기록과 공물 기록 같은 통계적인 정보뿐만 아니라 퀴푸카마요크(quipucamayoq)라는 전문가들이 해석할 수 있는―어느 면에서는 우리가 아직도 완전히 이해할 수 없는―정보를 기록했던 여러 다발의 염색된 매듭 끈이다. 퀴푸카마요크는 '매듭을 만드는 사람들 또한 매듭을 지키는 사람들'을 의미한다.

스페인 식민자들이 아메리카를 점령하기 전까지 퀴푸에 간직된 이야기들은 퀴푸카마요크가 중요한 의식 행사 때마다 공식적인 장소에서 자세히 읽어 내려가던 것들이었다. 과거를 기억해서 자세히 이야기하는 일은 아마우타(amauta)라는 궁정의 시인-철학자들의 의무이기도 했다. 이들은 대관식과 전투 등에 대한 보고는 물론이고 잉카 왕들과 여왕들의 혈통과 행적을 노래로 이야기하고 요구가 있으면 왕과 왕실 앞에서 이러한 일들을 해야 할 책

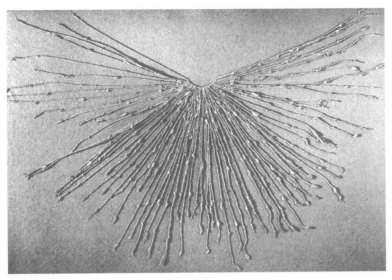

퀴푸, 매듭이 있는 줄로 된 잉카의 기록 수단

임이 있었다. 스페인 식민자들은 잉카 제국의 정복 후에 주로 이 들과 같은 원주민 관리들을 통해 신화, 왕조의 혈통과 역사 그리 고 잉카의 과거에 대한 여러 이야기들에 접할 수 있었다. 이 과 정에서 퀴푸의 이야기들이 퀴푸카마요크들에 의해 그들의 토착어 로 읽혀지거나 해석되었고, 2개 국어를 병용하는 번역가(lengua) 에 의해 스페인어로 번역되었으며, 스페인 서기에 의해 기록되었다.

정복에 뒤이은 처음 몇 년간 스페인 식민자들이 수집했던 잉카 의 과거에 관한 대단히 많은 정보들이 잉카의 귀족들이었던 쿠스 코의 보고자들(주로 남성들)에게서 나왔다는 사실로부터 이용 가 능한 신화 자료들이 결정적으로 엘리트주의적이고 남성주의적이 며 그리고 쿠스코 중심적이었으리라는 것을 짐작할 수 있다. 지방의 평민들(여성과 남성 모두)의 삶에 관한 이야기들은 17세기 초반에서 중반까지의 기간에 작성된 기록들을 통해서만 마주칠 수 있을 뿐이다.

또한 우리가 명심하지 않으면 안 될 것은 위에서 언급된 퀴푸에 대한 해석과 번역 그리고 필사의 과정에 있어서 관련된 집단들―원주민들과 스페인 식민자들―의 개인적이거나 정치적인 동기들에 의해 이야기가 왜곡되고, 빠뜨려지고, 윤색되었으며 그렇지 않을 경우에는 어떤 식으로든 고쳐질 수 있는 가능성으로 가득 차 있었다는 사실이다. 이것에 대한 한 실례로 스페인 식민자들 앞에서 자신들의 혈통을 보다 유리한 입장에서 입증하고 싶어 했던 안데스 원주민들이 족보를 정교하게 꾸며낸 경우도 있다. 더욱이 일부 스페인 식민자들은 잉카인들을 참주와 불법적인 지배자들로 묘사하는 경향이 있었다. 스페인 식민자들이 잉카인들의 과거를 조작했던 것은 안데스인들에 대한 그들의 정복과 지배를 정당화하려는 전략에서 없어서는 안 될 부분이었다.

불행하게도 어떤 부분이 원래의 모습이었고 어떤 부분이 일부 특정한 정치적 목적을 위해서 원주민들이나 유럽인들에 의해 조작되거나 덧붙여진 것이었는지 알아내기 위해 신화 이야기의 '행간을 읽을 수 있는' 마법 같은 손쉬운 방법이란 없다. 식민지 시대의 기록들에 대한 연구와 잉카 유적들에 대한 고고학적 탐구들을 결부시켜 생각함으로써만이 잉카 '역사'에 대한 연대기 작가들의 이야기들에서 역사와 신화를 철저히 분리시킬 수 있을 것이다. 따라서 기록들에 대한 면밀하고 비판적인 연구가 잉카 신화들에 대해 적절하고 문화적으로 의미 있는 해석에 도달하기 위해

케로, 스페인화된 잉카의 왕과 여왕의 모습이 그려져 있는 식민시대의 술잔

서 필요할 것이다.

　신화들에 관한 정보의 특성과 한계를 충분히 평가하기 위해서 또 알아두어야 할 점은 이용 가능한 자료들 모두가 1532년 이후에 받아들여진 보고자들의 증언에 기초해 기록되었기 때문에, 일

단의 신화들이 의심할 여지 없는 절대 연표를 갖고 있지 못하다는 것이다. 한 사건이 다른 사건에 잇달아 발생한다고 하는 점에 주목한다면 어떤 특정한 신화 속에서의 줄거리가 분명하게 이해될 수 있지만, 스페인 식민자들의 정복 이후에 기록되었던 이야기들만으로는 1532년 이전의 사건들에 절대 연대를 부여할 수 없다.

스페인 식민시대 이래로 잉카 신화에서 이야기되었던 사건들의 역사적 중요성을 해석하기 위한 잠정적인 틀로서 고정된 연표를 고안해내기 위한 수많은 시도들이 실제로 행해졌다. 이러한 시도들은 한편에서는 잉카의 기원 신화들에서 언급된 사건들을 성서의 '역사'와 관련시키려는 스페인인들의 노력들에서부터(예를 들어서 세계적인 대홍수, 그리스도 제자들의 출현과 같은), 다른 한편에서는 절대 연대를 포함해 스페인 식민시대 이전에 안데스를 지배했던 것으로 알려진 왕들의 왕위 계승에 대해 일종의 서구적 직선 논리를 강요하려 했던 동시대인들의 노력에 이르기까지 그 목적 또한 다양했다. 이렇게 만들어진 연표들은 모두 불확실한 근거에 기초한 것이며, 그 어떤 것도 독자적이고 과학적인 고고학적 연구를 통해서 확증되지 않았다. 우리가 확신을 갖고 스페인 식민시대 이전의 사건들에 대해 연대를 부여하고, 그렇게 함으로써 일부 잉카 신화들의 역사성을 평가하기 위한 연대기적 틀을 세우는 일에 착수할 수 있었던 것은 방사성 동위원소 측정법과 다른 연대 측정 기술을 갖추고 있는 고고학을 통해서였다.

잉카 신화의 주요 연대기 작가들

스페인 식민자들의 정복에 뒤이은 첫 세기 동안 2, 30명의 연대기 작가들에 의해 쓰여진 연대기가 잉카 신화의 연구에 중요한 자료가 되고 있다. 이들 연대기 중에 아래에 연대순으로 검토되는 자료들이 가장 흥미롭고, 유용하며 신뢰할 만하다.

키에자 데 레온(Cieza de Léon)은 스페인이 남아메리카 대륙을 침투해 들어오기 시작한 초창기에 서남 아메리카 대부분의 지역을 여행했던 스페인 병사였다. 1547년경에 페루에 들어왔던 그는 다음 몇 해 동안 멀리 툼베스(Tumbes) 근처의 북부 해안에서 한때 잉카 제국의 심장부였던 곳을 지나서 멀리 남쪽으로 볼리비아 남중부의 차르카스(Charcas)까지 여행했다. 키에자는 여행하는 동안 수많은 사람들과 이야기를 했고 그들과 나눈 이야기들을 꼼꼼하게 적어 두었다. 그의 《페루 연대기》(Crónica del Peru)에 기록된 잉카 신화에 대한 연구는 대단한 가치를 지니고 있다. 1553년에 출간된 이 연대기의 1부에서는 키에자의 지리적 묘사가 포함되어 있다. 《잉카의 귀족》(El Señorio de los Incas)이라는 제목의 2부는 1554년에 출간되었으며, 이것은 잉카 제국의 역사와 신화에 대해 우리가 갖고 있는 자료들 가운데 시기적으로 가장 이른 것 중 하나이다.

후안 데 베탄조스(Juan de Betanzos)는 스페인에서 태어났지만 페루에서 성년기를 보냈다. 1541년경에 베탄조스는 잉카의 마지막 왕 후아이나 카팍(Huayna Capac)의 질녀인 잉카의 공주와 결혼했다. 베탄조스는 쿠스코에서 살았으며 케추아어를 유창하게 구사하게 되었다. 그리고 그는 예전 잉카 제국의 도시에 있는 잉카 귀족들의 수많은 자손들과 절친한 관계에 있었다. 1551년에 페루 총독인 안토니오 데 멘도자(Antonio de Mendoza)는 베탄조스에게 잉카인의 역사에 관해 글을 쓰도록 명령했다. 최근에《잉카인들의 이야기》(Narrative of the Incas)라는 표제하에 최초의 영어 번역서(R. Hamilton과 D. Buchanan이 1996년에 번역한 책)로 등장한 베탄조스의 이야기는 1557년에 완성되었다. 이것은 스페인 식민자들의 정복에 뒤이은 처음 몇십 년 동안에 쿠스코의 잉카 귀족들의 관점에서 쓰여진 이야기로 잉카 신화들에 관한 가장 오래된 현존 자료들 중 하나이다.

폴로 데 온데가르도(Polo de Ondegardo)는 1558년부터 1561년까지 그리고 재차 1571년부터 1572년까지 쿠스코의 식민지 수석 행정관(corregidor)으로 복무했다. 잉카인들과 그들의 후손들의 종교, 관습 그리고 '미신들'에 대해 지대한 관심을 가졌던 법률가 폴로는 1550년대와 1560년대에 잉카 왕들의 미이라를 찾아내 처리하는 것을 포함해서 이러저러한 조사를 시도했다. 이 조사 결과로 그는 1567년에 발표된 〈인디오들의 잘못과 미신〉(Los Errores y supersticiones de los indios)이라는 제하의 논문뿐만 아니라 1571년에 발표된 잉카인들의 종교와 정체政體에 관한 보고서를 포함해서 수많은 보고서들을 발표하기에 이르렀다. 이것들은 잉카 신화의 초기 이야기들의 문맥을 파악하는 데 있어서 유용한 배경 자료가 되었다.

폴로는 페루의 제4대 총독인 프란시스코 데 톨레도(Francisco de Toledo, 1569-81) 치하의 식민 국가의 재조직과 관련해서 전개된 잉카인들과 그들의 역사에 관한 16세기 후기적 해석과 글들에 그 전형을 제시했다. 톨레도는 식민지에서 이루어지는 모든 실제적 삶의 모습들—식민지 관료 제도의 운영에서부터 원주민 촌락의 위치와 배치에 이르기까지—을 개혁하기 위한 토대로서 잉카 제국의 조직과 구조를 포함해 잉카 역사에 대한 연구 계획에 착수했다. 또한 톨레도는 식민 지배 이전의 잉카 귀족들 및 원주민 관리들과의 대담을 근거로 제국의 역사에 관해 집필하도록 명령했다.

톨레도가 총독으로 있는 동안 또는 그 직후 만들어진 연대기들에는 사르미엔토 데 감보아(Sarmiento de Gamboa)의 《잉카인들의 역사》(Historia de los Incas, 1572), 크리스토발 데 몰리나(Cristobal de Molina)의 《잉카인들의 신화와 관습》(Las Fabulas y Ritos de los Incas, 1575) 그리고 호세 데 아코스타(José de Acosta)의 《인디오들의 자연 및 도덕의 역사》(Historia naturally moral de las Indias, 1590) 등이 있었다. 게다가 치무인들이 살았던 페루 북부 해안의 신화들에 관련해 대단히 중요한 자료인 카벨로 데 발보아(Cabello de Balboa)의 《남극 이야기》(Miscelánea Antártica, 1586) 또한 사르미엔토 데 감보아가 자신의 연대기에서 수록했던 잉카 신화의 자료들을 발췌하여 하나로 묶은 것이다.

이들 다양한 역사서에서 공통된 주제는 잉카 왕조가 본질적으로 부정한 수단으로 권력을 획득했던 참주정 체제였다는 것이었다. 톨레도 시대의 해석에 따르면, 잉카의 지배는 지배권의 남용과 불법에 의한 것이었다. 이러한 주장은 유럽인들이 스페인의 잉카 정복을 스페인 왕실의 합법적인 지배가 엉터리 귀족들의 지배(즉, 잉카인들의 지배)를 대체했기 때문에 정당한 것이었음을 주장하기 위한 것이었다. 따라서 톨레도 시대의 연대기들이 잉카 신화의 연구를 위한 가장 이른 시기의 대단히 포괄적이며 최상의 정보를 제공해 주는 자료들을 대표하고 있음에도 불구하고 연대기들에 대한 비판적인 검토와 해석이 필요하다.

잉카 신화와 관련해 또 하나의 중요한 그러나 다소 문제가 되는 자료는 메스티조(스페인과 케추아족 사이의 혼혈)인 가르실라소 데 라 베가(Garcilaso de la Vega)가 썼던 연대기이다. 가르실라소는 잉카의 공주인 이사벨 침푸 오클로(Isabell Chimpu Ocllo)와 가르실라소라는 이름을 가진 스페인의 정복자의 아들로 1539년에 쿠스코에서 태어났다. 가르실라소는 21살 때까지 쿠스코에서 살았으며, 그 후 1560년에 스페인으로 건너가 거기서 남은 여생을 보냈다. 1602년에 그는 《잉카인들에 대한 사실적 비평》(Comentarios Reales de los Incas)이라는 제목으로 잉카 제국의 위대한 역사에 관해 글을 쓰기 시작했다(1609-1617). 부분적으로 회고록이면서 초기의 자료들, 특히 톨레도 시대의 자료들을 부분적으로 편집한 가르실라소의 책에는 수많은 신화들이 포함되어 있다. 이들 신화 중 일부는 다른 저술가들(특히 블라스 발레라(Blas Valera)와 호세 데 아코스타)에 의해서 입증되고 있지만, 일부는 다른 자료들에서 발견되지 않거나 또는 다른 저술가들의 해석과 크게 차이가 나는 부분도 있다.

가르실라소의 연대기 1부가 등장했던 때와 거의 동시에 페루 중부 고지대의 후아로치리(Huarochirí) 지역에 사는 사람들의 신화와 관련된 대단히 중요한 텍스트가 출판되었다. 케추아어로 쓰여겼던 이 텍스트는 《후아로치리의 신과 인간》(Dioses y Hombres de Huarochirí)라는 스페인어판의 제목과 최근의 《후아로치리 사본寫本》(The Huarochirí Manuscript)(F. Salomon과 G. L. Urioste에 의해 1991년에 번역됨)이라는 영어판 제목과 같이 다양한 제목하에 여러 언어로 출판되었다. 이 텍스트는 비록 그 저자(들)가 후아로치리 지역의 원주민이었음이 분명하다고 할지라도, 이 지역의 지방 성직자인 프란시스코 데 아빌라(Francisco de Avila)의 지시에 따라 만들어졌던 것으로 보인다. 이 텍스트는 잉카 제국의 한 지방에 있어서 스페인 식민시대 이전 그리고 초기 식민시대의 신화적 전승들과 관련된 최상의 자료들 중 하나이다.

《후아로치리 사본》이 기록되었던 시기와 거의 동시에 《원주민 관리들의 혈연 관계》(Relación de los Quipucamayoqs, 1608/1542)라는 책이 스페인에서 편찬되었다. 이 책은 1608년에 멜치오르 카를로스 잉카(Melchior Carlos Inca)라는 뒤늦게 잉카의 왕위를 요구했던 한 사람을 위해 편찬되었던 것으로 보인다. 왕위에 대한 자신의 주장에 무게와 합법성을 더하려는 시도에서 멜치오르 리첸시아도 바카 데 카스트로(Licenciado Vaca de Castro)보다 먼저 1542년의 한 심리에서 손에 넣은 잉카 왕조의 건설과 관련된 신화 자료들을 자신의 책 앞부분에 수록했다. 그 심리의 보고자들은 스페인 식민시대 이전에 잉카 제국에서 역사가로 활동했던 네 명의 나이든 원주민 관리들이었다. 이 자료들은 현존하는 잉카 국가의 가장 이른 시기의 기원 신화들을 대표한다.

우리는 여기에서 또 다른 한 명의 스페인 연대기 작가 안토니오 데 라 카란차(Antonio de la Calancha)에 주목해야 한다. 그의 책《페루의 성 어거스틴 교단의 연대기》(Coronica moralizada del Orden de San Augustín en el Perú, 1638)에는 페루 북부 해안 종족들의 종교, 관습 그리고 신화들에 대한 값진 정보가 포함되어 있다.

17세기 초에 나타났던 쿠스코 외부의 신화들에 대한 기록에서 눈에 띄는 중요한 발전은 케추아어를 말하는 원주민 저술가들이 쓴 연대기들이 등장했다는 것이다. 이것과 관련해서 가장 주목할 만한 저술가는 구아만 포마와 파차쿠티 얌퀴이다.

구아만 포마는 페루 중부의 안데스 산맥에 위치한 후아만가 (Huamanga)에서 태어났다. 그의 아버지는 카자마르카 (Cajamarca)에서 피사로(Francisco Pizarro)와의 연락 임무를 맡은 구아스카르 왕(Inca Guascar)의 사자使者로 일했다고 한다. 구아만 포마는 후아만가와 그 주위의 성직자들로부터 강도 높은 성직자 훈련을 받았으며, 심지어 16세기 말과 17세기 초 동안에는 원주민의 우상 숭배를 '근절'하는 일에도 참여했다. 그는 1613년에《새로운 연대기와 좋은 정부》(Nueva Corónica y Buen Gobierno, 1583-1613)라는 제목의 자신의 기념비적인 저작을 완성했다. 대략 1,000페이지로 된 이 보고서의 일부는 스페인 정복 이전 시기와 정복 시기 동안의 그리고 그 이후 시기의 페루의 생활을 묘사하고 있다. 이 보고서에는 본문 이외에도 400개 가량의 그림이 포함되어 있다. 이들 그림에서는 최초의 잉카 왕이 유래했던 산과 동굴처럼 일부 기원 신화들에 언급된 장소들에서 거행되었던 의식과 숭배의 장면들이 묘사되고 있을 뿐만 아니라 잉카의 의복, 농사 도구들 그리고 그 밖의 일상 생활의 모습들에 대한 최상의 정보들이 담겨져 있다. 구아만 포마는 초기의 독실한 기독교 개종자로서 안데스의 신민들에게 우상을 숭배하게 했던 사람이 다름 아닌 잉카 왕들이었다고 믿었던 반면에, 그의 연대기는 잉카 신화의 연구를 위한 많은 가치 있는 정보를 포함하고 있다.

파차쿠티 얌퀴는 쿠스코와 티티카카 호수 사이의 중간쯤에 위치했던 카나스(Canas)와 칸치스(Canchis) 지역 출신의 유력한 원주민 저술가였다. 그 역시 기독교 개종자의 관점에서 글을 썼다고는 하지만, 그는 구아만 포마에 비해 어느 정도는 더 잉카인들에게 동정적이었다. 《피루 왕들의 유물 이야기》(Relación de Antiguedades deste Reyno del Pirú, 대략 1613년)라는 제목의 책에서 파차쿠티 얌퀴는 신화는 물론 다른 저술가들이 신화라고 여기고 상술했던 구체적인 일단의 준準 신화적/역사적 기록들에 대해서까지 자세하게 이야기하고 있다. 그의 저작은 구성에 있어서 케추아어의 단어와 문법 구조들을 빈번하게 사용하고 있다는 점에서 분명히 색다르고 도발적이었다. 그럼에도 불구하고 잉카 신화의 연구를 위한 대단히 흥미롭고 가치 있는 내용들을 포함하고 있다.

베르나베 코보(Bernabé Cobo)는 스페인에서 태어나 1599년에 페루로 들어가서 얼마 남지 않은 자신의 여생을 보냈던 예수회 소속 성직자였다. 코보는 1609년에 리마에서 쿠스코로 여행을 했으며, 뒤이은 20년의 기간 대부분을 선교 사업에 종사했으며 남부 페루와 북부 볼리비아를 여행하면서 시간을 보냈다. 1653년에 그는 자신의 대작인 《신세계의 역사》(Historia del Nuevo Mundo)를 완성했다. 잉카 연구가 로날드 해밀톤(Ronald Hamilton)은

현재까지 《잉카 제국의 역사》(History of the Inca Empire, 1983;
《신세계의 역사》 11권과 12권)와 《잉카의 종교와 관습》(Inca
Religion and Customs, 1990;《신세계의 역사》 13권과 14권)이라는
제목하에 코보의 《신세계의 역사》에 대한 두 권의 탁월한 영어
번역서를 출간했다. 코보는 폴로 데 온데가르도, 크리스토발 데
몰리나, 호세 데 아코스타 그리고 가르실라소 데 라 베가의 저작
들을 포함해 이전의 연대기들에 광범위하게 의존했다. 그는 많은
안데스인들에 의해 잉카 역사에 관한 한 가장 믿을 만한 보고서
들 중 하나를 썼던 사람으로 간주되고 있다. 확실히 그가 앞선
시대의 자료들을 종합해 기록했던 신화 이야기들, 국가 의식에
대한 묘사들 그리고 잉카의 종교적 신념과 관습들에 대한 설명들
은 잉카 제국의 삶에 대한 가장 포괄적이고 균형 잡힌 연대기를

파크차, 식민시대에 예언을 하는 데
사용된 채색된 나무로 만든 장치

만들어냈다.
　마지막으로 잉카 신화의 연구에 중요한 의미를 가졌던 일련의
기록들은 이른바 '우상 숭배'(idolatrías)에 관한 것들이었다. 이

기록들은 주로 안데스 지방에 사는 사람들이 관습적으로 계속 행했던 우상 숭배에 대한 카톨릭 성직자들의 연구 결과로서 17세기 전기에 만들어졌다. 연구자들은 조상들의 미이라 그리고 산, 동굴, 샘과 같은 신성한 장소들에 대한 숭배가 계속 이루어졌던 것은 치료자, '마녀', 그리고 그 밖의 점쟁이와 종교적 전문가들은 물론이고 지방의 유력자들(curacas)에게서 비롯되었을 것으로 생각했다. 이 기록들은 위에서 자세히 이야기되었던 것처럼 잉카인들 사이에서 행해졌던 유사한 신앙과 관습들에 대한 묘사뿐만 아니라 신화 이야기들의 문맥을 파악하기 위한 풍부한 정보의 원천이기도 하다. 더욱이 우상 숭배는 식민시대 동안 계속해서 안데스 지방의 원주민 남녀들에게 가해졌던 종교적 박해를 설명하고 있다.

잉카 신화를 하나로 묶는 지방, 국가 그리고 우주의 주제들

콜럼버스 시대 이전의 안데스에서 가장 두드러진 삶의 모습들 중 하나는 잉카의 지방민들을 특징짓는 극도의 종족적 다양성이었다. 이러한 다양성은 잉카 신화의 형식과 내용에 대해 적어도 두 가지 중요한 결과를 가져왔던 것으로 보인다. 하나는 이러한 다양성 자체가 설명을 필요로 했다는 것이었다. 잉카의 지방민들이 그들의 언어, 의복 그리고 그 밖의 관습과 습관이라는 면에서 그렇게 상이했던 이유는 무엇인가? 근본적으로 서로가 판이하게 달랐던 것처럼 보이는 가까운―또는 멀리 떨어져 있는―이웃들은 혈통이 상이했는가? 그렇지 않다면 모든 제국민들은 단일 혈통이 있는가?

신화 그 자체의 내용 속에서 묘사되고 있는 이러한 질문들에 대한 대답은 우리들로 하여금 두 개의 매우 상이한 기원 신화들을 구별하게끔 만든다. 한편에서는 제국의 각기 다른 지역에 살고 있었던 사람들이 그들 개개의 혈통의 차이를 주장했던 것처럼 보인다. 티티카카 호수 지역, 페루의 북부 해안 그리고 페루의 중부와 북부의 고지대를 포함해 제국의 여러 지역에 수십 개의 기원 신화가 존재했다. 중요한 것은 제국의 각기 다른 지역에 살고 있었던 사람들이 그들 개개의 기원 신화와 아일루 또는 종족의 정체성과 단일성의 구성 요소로서 그들의 독특한 기원 장소를 만들었다는 점이다.

스페인 성직자들과 연대기 작가들은 기원 장소가 다수라는 이러한 잉카인들의 관념을 참을 수 없었다. 예를 들어서 베르나베 코보는 그 자신이 페루에서 우연히 마주쳤던 수많은 기원 신화들과 창조 신들에 대한 서로 다른 견해들 때문에 좌절감을 가졌음이 분명하다. 그는 이러한 '맹목적인 사람들'이 모든 상이한 견해와 믿음을 받아들였던 이유를 그들이 결코 한 명의 진정한 신을 알지 못했기 때문이라는 결론에 도달했다. 더욱이 그는 계속해서 다음과 같이 말하고 있다. "또 하나의 이유는 그들이 어떤 유형의 문자도 갖고 있지 않았기 때문이다. 만약 그들이 문자 체계를 갖고 있었더라면, 이런 바보 같은 잘못들은 저지르지 않았을 것이다."

코보보다 한 세기 앞서서 후안 데 베탄조스는 이러한 '혼란'이 보다 사악한 원인, 즉 악마에 의한 것이라고 결론지었다. 그는

"한편으로는 그들(인디오들)은 태양을 창조자로 떠받들고, 다른 한편으로는 태양이 비라코차(Viracocha)라고 말한다. 모든 지방에서 악마가 그들을 혼동스럽게 하고 있다. 악마가 나타났던 모든 곳에서 악마는 그들에게 천 가지 거짓말과 잘못된 생각을 말했다. 따라서 악마는 그들을 속였으며 눈멀게 만들었다"고 말하고 있다.

다른 한편에서는 제국 전체에 걸쳐 존재했던 고도의 종족적 다양성이 다양한 아일루들과 종족들을 단일한 기원의 후예들로 묘사하는 신화를 만드는 데 있어 강력한 자극제가 되었던 것 같다. 즉 제국 내의 다양한 종족들이 그들 자신을 단일 사회의 시민들로 생각하기 위해서는 본질적으로 그들을 서로 묶어 주고 하나의 공통된 과거에서 통합된 미래를 향해 그들의 역사를 투영하는 강력한 이야기와 이미지가 있어야 했다. 제국 전체의 통합(단일성)을 촉진시키려는 잉카 국가 관료제의 정치적 이해 관계로부터 야기되었던 이러한 경향은 잉카 왕들의 기원, 그리고 혈족 집단의 위계 질서같이 내용적으로 제국 조직의 일부 기본적인 특징들과의 밀접한 관계를 묘사하는 신화들 속에 반영되고 있다. 제국 조직이 초자연적인 힘에 의해서 그 운명이 미리 정해졌다는 주장을 뒷받침하기 위해서, 잉카의 신화 작가들과 이야기 작가들은 잉카 왕들의 신화를 파카리탐보(Pacaritambo)라는 쿠스코 인근에 위치했던 기원 장소뿐만 아니라 두 강력한 신ㅡ창조 신(예를 들어서 비라코차 또는 파카카막)과 태양ㅡ과 연결시켰다.

마지막으로 잉카인들을 포함해 안데스 산맥 전체에 걸쳐 살고 있었던 사람들은 보통 티티카카 호수와 티아후아나코의 유적을 태양, 달, 별 그리고 사람들의 조상을 포함하여 우주가 최초로 만들어졌던 중요한 장소로 여겼다. 우리는 이러한 잉카 신화의 다양한 양상들—지방, 국가, 그리고 우주의 신화들—을 다음에 나오는 신화들에서 보게 될 것이다.

2장 우주 기원의 신화

우주의 기원

안데스신의 삼신 일체인가? 아니면 기독교도의 삼위 일체인가?

쿠스코와 그 주변 지역에서 창조자가 했던 일

파차쿠티(Pachacuti): 세계의 창조와 파괴의 순환

2장 우주 기원의 신화

우주의 기원

특히 쿠스코에서 잉카인 정보 제공자들로부터 들은 세계 기원에 관한 이야기들에서는 티티카카 호수가 세계의 중심이었다. 이들 기원 신화에 대한 대부분의 해석은 태초에 태양, 달, 그리고 별이 아직도 창조되지 않았기 때문에 모든 것이 암흑에 휩싸여 있었다는 주장과 함께 시작된다. 이러한 태고의 암흑 속에서 창조자인 비라코차가 모습을 나타냈다. 그의 이름은 '바다 기름' 또는 '바다 거품'으로 해석될 수 있을 것이다. 기원 신화에서 창조자는 콘 티키 비라코차(Con Ticci Viracocha), 투누파 비라코차(Thunupa Viracocha), 그리고 비라코차 파차야차치크(Viracocha Pachaya-chachic) 등 다양한 이름으로 불린다. 한편 잉카의 몇몇 해안 지방에서 유래된 신화들에서는 창조자를 '땅과 시간을 만든 자'를 의미하는 파차카막(Pachacamac)으로 부르고 있기도 하다.

베탄조스에 의하면 비라코차는 암흑의 시간과 공간으로부터 티

티카카 호수에서 그 모습을 드러냈던 지배자로 최초의 인류를 창
조했다. 일부 연대기 작가들이 거인족으로 간주했던 최초의 인류
는 일정 기간 동안 암흑 속에서 살았으며, 그 후 무슨 이유였는
지는 모르지만 비라코차의 노여움을 샀다. 그들에 대한 분노와
실망으로 창조자 비라코차는 인류 최초의 시대를 홍수로 심판해
서 인류를 돌로 변형시켜 버렸다. 이러한 인류 최초의 시대에 대
한 자취는 티티카카 호수 근처의 티아후아나코 유적에 있는 석조
조각 작품들에서 볼 수 있다.

비라코차는 다음으로 또 하나의 인류를 창조하는 일에 착수했
다. 그는 처음에 태양, 달 그리고 별을 티티카카 호수의 한 섬에

티티카카 호수

불러냄으로써 두 번째 창조 행위
를 시작했다. 잉카인들은 그들
이 태양의 섬으로 간주하는 티
티카카 호수의 한 섬에 해마다
순례자의 행렬이 길게 늘어서
게 될 커다란 사당 하나를 세
웠다. 태양과 달을 창조해서
그것들을 움직이게 한 후, 비
라코차는 두 번째 인류를 만들
어 냈다. 베탄조스의 창조 이
야기에 의하면 비라코차는
우선 티티카카 호수
의 기슭 가까이에 있
는 돌로 사람들을 만
들었다. 그는 남자와
여자(임신한 여자와 임
신하지 않은 여자 모
두) 그리고 아이들의
형상을 만들었다.

　기원 신화에 대한
자신의 해석에서 코
보는 비라코차가 타

티아후아나코 지역의 석상

후안틴수유 지역 각각의 종족들을 대표하게 될 사람들을 만든 후에 "그는 각기 다른 옷으로 각 종족들을 장식했을 뿐만 아니라, 각 종족들이 그들 자신을 스스로 부양할 수 있도록 양식과 열매 그리고 채소들은 물론이고 말할 수 있는 언어와 부를 수 있는 노래를 제공했다"고 전하고 있다.

크리스토발 데 몰리나 또한 기원 신화에 대해 자세하게 이야기 하고 있다. 우리는 기원 신화에 대한 그의 해석에서 태초에 있었던 사건들에 대해 다소는 다른 설명을 읽게 된다. 몰리나의 기원 신화는 세계에 사람이 살고 있었을 때부터 시작한다. 그 후에 가장 높은 산까지 뒤덮어 버렸던 대홍수가 찾아왔다. 이 대홍수에서 남자 한 명과 여자 한 명만이 살아남았다. 그들은 물이 빠졌을 때 티아후아나코 지역의 땅 위로 들어 올려졌다. 비라코차가 나타나서 두 사람에게 그곳에서 미티마에스(mitimaes)로 머물도록 명령했다. 미티마에스는 잉카어로 고향 땅에서 제국의 다른 지역으로 이주한 일단의 사람들에게 붙여진 이름이었다.

그리고 나서 몰리나는 계속되는 기원 신화에서 홍수가 물러간 후에 창조자가 땅에 사람을 다시 살게 하고, 점토로 타후안틴수유 지역 각 종족들의 조상을 만들었으며, 그리고 그들이 앞으로 입게 될 옷으로 그들을 장식해주는 일에 착수했다고 이야기하고 있다. 비라코차는 티아후아나코에서 이러한 두 번째 인류를 창조함과 동시에 그곳에서 모든 동물과 새의 암컷과 수컷을 각각 창조했다.

그리고 이들 다양한 피조물들이 어디에서 살고 무엇을 먹게 될 것이라는 것을 말했으며, 각기 다른 형태의 새들에게 그들만의 독특한 노래를 부르도록 했다.

비라코차는 티티카카 호수에서 그가 창조했던 사람들 가운데 둘은 자신과 머무르게 하고 나머지는 지하로 내쫓았다. 크리스토 발 데 몰리나에 따르면 일부 이야기에서 비라코차가 자신의 아들 이라고 했던 두 사람은 이마이마나 비라코차(Imaymana Viracocha) 와 토카포 비라코차(Tocapo Viracocha)라는 이름을 갖고 있었 다. 여기서 '비라코차'라는 이름이 반복되고 있는 것으로부터 일 종의 표지標識로서 신성 또는 초자연력의 이름이 붙으면 창조자로 간주되었음을 알 수 있다.

티티카카 호수의 기원 장소에서 돌로 만들어졌던 사람들을 내 쫓았던 비라코차의 행위는 서로 다른 종족의 자손들이 나중에 그 들의 유일한 기원 장소로 간주하게 될 타후안틴수유 지역 내의 특정한 장소에 이들을 수용하기 위해서였다. 이렇게 조상들을 기 원 장소들에 알맞게 배치하는 것은 그들을 샘, 동굴 또는 그 밖 의 장소로부터 창조자의 부름을 기다리도록 지하로 내려 보내는 것이었다.

이런 식으로 장차 제국에서 여러 종족의 조상이 될 사람들의 씨를 땅에 뿌리고 나서 비라코차는 그가 일찍이 창조했던(그리고 그의 곁에 머물게 했던) 두 아들에게서 도움을 구했다. 그는 큰아 들인 이마이마나 비라코차에게 숲과 산에 접경하고 있는 길을 따 라 티티카카 호수에서 북서쪽으로 여행하도록 지시했다. 둘째 아 들인 토카포 비라코차에게는 해안로를 따라 여행하도록 지시했 다. 콘 티키 비라코차(Con Ticci Viracocha) 자신은 두 아들의 여행로 사이에 위치한 중부 고지대로 통하는 길을 따라 북서쪽으로 여행했다.

　세 명의 창조자는 이러한 태초의 창조 여행을 하면서 지방 종족들의 조상을 샘과 동굴 그리고 산꼭대기에서 불러냈다. 게다가 세 명의 비라코차가 땅을 가로질러 이동하고 있을 때, 그들은 각자 자신들이 지나가는 장소에서 모든 나무와 식물의 이름을 부르고 각각의 나무와 식물이 꽃을 피우고 열매를 맺게 될 때를 말했다. 비라코차와 그의 두 아들은 제국의 북서쪽 끄트머리로 여행을 가서 마침내 에콰도르의 해안을 따라 만타(Manta)에 도착하게 되었다. 그곳에서 그들은 계속 같은 방향으로 나아가서 바다를 향해 갔다. 그들은 사라질 때까지 물을 가로질러 걸어갔다.

안데스인의 삼신 일체인가? 아니면 기독교도의 삼위 일체인가?

　티티카카 호수에서 유래된 기원 신화에 대한 대부분의 해석들이 창조자를 삼위 일체(즉, 세 명의 비라코차)로 간주하고 있다는 사실은 일부 학자들로 하여금 창조자 신 자체에 대한 개념뿐만 아니라 이러한 안데스의 창조 신화 또한 안데스인들이 스페인의 카톨릭교로부터 받아들인 것이었음을 암시하도록 이끌었다. 창조자의 모습을 키 크고 턱수염이 난 그리고 흰 피부를 가진 남자로 묘사하는 여러 연대기들이 이러한 생각을 뒷받침하고 있다. 원주민 연대기 작가 파차쿠티 얌퀴가 투누파(Thunupa), 타라파카(Tarapaca) 그리고 투누파 비라코차(Thunupa Viracocha)로 알려진 창조자는 예수의 12제자 중 한 명인 사도 도마였다고 강력하게 주장했던 반면에, 다른 한 명의 원주민 연대기 작가 구아만 포마는 비라코차를 성 바르톨로뮤(St. Bartholomew)로 간주하고 있었다.

사실 스페인어가 도입되면서 잉카 신화들에서 삼신 일체적 요소들의 해석에 대한 거센 논쟁이 있었다. 아마도 잉카 신화를 이야기했던 많은 연대기 작가들은 분명히 안데스 산맥에서 그들의 믿음을 기꺼이 확인해 보려고 했을 것이며, 그들에게 정보를 제공해 준 사람들의 이야기에서 이러한 삼신 일체적 요소를 읽어내려는 경향이 있었을 것이다. 구아만 포마와 파차쿠티 얌퀴처럼 기독교로 개종했던 일부 원주민 저술가들은 그들의 스페인 지배자들(그리고 스페인 독자들)에게 그들이 한 명의 독실한 신자였음을 입증하려고 전념했다. 더욱이 이 두 명의 원주민 연대기 작가들은 안데스인들이 기독교의 신을 알고 있었으며, 따라서 우상 숭배와 조상의 미이라 숭배를 설교했던 잉카 왕들에 의해 타락의 길로 인도되었던 사람들을 제외한다면 안데스인들은 스페인 식민자들이 도착하기 이전부터 기독교도들을 따르고 있었다고 일관되게 주장했다.

안데스에서의 삼신 일체와 창조자 신들이 아마도 스페인 카톨릭의 영향에서 비롯되었을 것이라는 많은 근거들이 있음에도 불구하고 '삼신 일체'가 세계 도처의 수많은 문화에서 발견되는 대단히 일반적인 개념이라는 점을 명심하는 것이 중요하다. 더욱이 안데스에서의 삼신 일체, 즉 아들의 도움을 받았던 창조자/아버지라는 표현은 기독교에서의 삼위 일체설에 따라다녔던 독특한 특징들과는 대단히 거리가 먼 것처럼 보인다. 여하튼 창조자 신

들이 스페인 정복 이전의 잉카 사회에서 어떻게 개념화되었는가
를 가리키는 기록들이 없다면, 어느 정도의 확신을 갖고 이 문제
를 푼다는 것은 불가능한 것일지도 모른다.

쿠스코와 그 주변 지역에서 창조자가 했던 일

1550년대 키에자 데 레온과 후안 데 베탄조스가 이야기했던 기
원 신화에서는, 콘 티키 비라코차가 티티카카 호수에서 북서쪽으
로 여행을 떠났을 때 중부 고지대에서 발생했던 사건들에 훨씬
더 많은 관심을 나타내고 있다. 예를 들어서 키에자는 키가 큰
백인의 모습을 했던 창조자가 고지대로 나 있는 길을 따라 여행
하면서 자신의 말만으로 병자들을 치료하고 맹인들에게 시력을
회복시켜 주었다고 이야기하고 있다. 하지만 비라코차가 쿠스코
남동쪽의 카나스(Canas)라는 지역에 위치한 촌락이었던 카차
(Cacha)에 이르렀을 때, 도시에서 온 사람들이 그에게 돌을 던지
겠다고 위협했다. 베탄조스는 사람들이 무기를 들고 비라코차에
게 달려들었다고 이야기하고 있다.

비라코차는 마치 도움을 구하듯이 무릎을 꿇고 하늘을 향해 손
을 치켜올렸다. 곧 하늘은 불로 뒤덮였으며 공포에 휩싸인 카차
인들은 비라코차에게 다가와 용서를 빌고 그들을 구해달라고 애
원했다. 그러자 불이 꺼졌다(베탄조스는 창조자가 자신의 지팡이를
세 번 쳐서 불을 일으켰다고 말하고 있다). 그러나 그곳은 커다란 돌
덩이들이 다 타버릴 정도로 불이 주변의 암석들을 태워서 돌들은

코르코처럼 물렁물렁하게 되어 있었다. 베탄조스는 이러한 신화적인 사건을 조사하기 위해 자신이 직접 카차로 여행을 가서 검게 그을린 땅이 이러한 대격변에 기인했던 것이었음을 확인했다.

베탄조스는 카차인들이 이러한 사건이 발생했던 장소를 후아카(huaca), 즉 신성한 장소로 인정하기 시작했다는 점에 주목하면서 카차와 그 주변 지역에서 창조자의 행위들이 초래한 영향에 대해서 상세히 이야기하고 있다. 카차인들은 비라코차가 나타났던 유적에 한 남자 형상의 커다란 석상石像을 세웠다. 그리고 후아카와 조상들에게 금과 은을 바쳤다. 베탄조스는 창조자의 신체 모습을 대단히 자세히 그리고 구체적으로 묘사했다. 왜냐하면 이 주제가 그에게 상당한 흥미를 가져다 주었기 때문이다. 그는 자신이 실제로 비라코차의 조상彫像을 보았을 뿐만 아니라 카차 근처의 사람들에게 비라코차가 어떻게 생겼는지를 물어보면서 말을 걸었다고 이야기하고 있다. 베탄조스는 "비라코차는 발목까지 내려오는 흰 외투를 입고 허리에 벨트를 찬 키가 큰 남자였다. 그의 머리카락은 짧았으며 성직자 같은 머리 모양을 했다. 그는 맨머리로 다녔으며 오늘날 성직자들이 휴대하고 다니는 기도서와 유사하게 보였던 무엇인가를 휴대하고 있었다"는 말을 전해 들었다. 베탄조스는 카차 주위의 사람들이 그에게 말했던 창조자의 이름은 콘티티 비라코차 파차야차치크(Contiti Viracocha Pachaya-chachic)였다고 전하고 있다. 베탄조스는 이 이름을 '세상의 조물주인 신'으로 해석하고 있다.

베탄조스는 비라코차가 티티카카 호수에서 쿠스코 방향 북서쪽으로 여행하는 동안 일어났던 사건들에 대해 계속 묘사하면서 창

조자 비라코차가 그 다음으로 쿠스코에서 6리그(약 33km) 떨어
진 곳에 위치한 우르코스(Urcos)의 유적으로 갔다고 말하고 있
다. 그곳에 도착하자마자 비라코차는 높은 산 정상에 올라가 앉
았다. 그리고 베탄조스가 살았던 시대에 그 지역의 원주민이었던
사람들의 조상을 산꼭대기에서 불러냈다. 창조자가 이 산의 정상
에 앉았던 것에 경의를 표하기 위해 우르코스인들은 그 자리에
황금의 벤치를 만들어서 그 위에 비라코차의 조상을 세워두었다.
몰리나는 우르코스에서 비라코차의 조상影像이 '위대한 창조자'
(Atun-Viracocha)로 불렸으며, 그 조상은 발 아래까지 늘어뜨린
흰색의 옷을 입은 남자의 형상을 하고 있었다고 전하고 있다.

비라코차는 계속해서 우르코스에서 쿠스코를 향해 나아갔다.
잉카인의 수도가 될 이곳에서 그는 자신이 알카비카(Alcavicça)
라고 명명했던 한 위대한 지배자를 창조하거나 또는 땅에서 불러
냈다. 알카비카라는 명칭은 잉카인들이 최초로 쿠스코에 도착했
을 때, 쿠스코의 계곡에 살고 있었던 토착 부족들의 명칭이었다.
사실 쿠스코의 계곡을 떠나면서 비라코차는 마지막으로 그가 떠
난 후에 이른바 오레조네스(orejones)─'커다란 귀'를 의미하는
말로 잉카 귀족들이 그들의 귓불을 뚫어 그 구멍에 황금 실패를
끼우는 관습에서 그 명칭이 유래되었다고 한다─가 땅에서 나타
나야 한다는 명령을 내렸다. 쿠스코에서 비라코차가 했던 이 마
지막 일은 베탄조스의 설명에 의하면 티티카카 호수에서 시작된
기원 신화와 잉카 왕들의 기원 신화 사이에 연결 고리 역할을 한다.

티티카카 호수를 중심으로 한 기원 신화는 그 지향점이 쿠스코
였으며, 잉카국의 기초가 된 위계 조직이 그 중심점이었음을 강

력하게 시사하는 몇몇 특징들이 포함되어 있다. 예를 들어서 신화의 등장 인물들이 가로질러 갔던 공간은 호수를 시작으로 에콰도르의 해안 북서쪽에 이른다. 창조자 비라코차와 카차 및 우르코스에 등장한 사람들 사이의 조우에 대한 보다 상세한 이야기는 쿠스코 근처에서 북서쪽으로 그리고 쿠스코 계곡의 안쪽으로 흐르는 빌카노타(Vilcanota) 강 유역이나 우루밤바(Urubamba) 강 유역을 중심으로 하고 있다. 따라서 잉카의 수도인 쿠스코에서 보고자들이 언급했던 세계 기원의 신화들에서는 선잉카시대의 주요한 고지대 문명들의 중심지(Tiahuanaco) 가운데 하나인 티티카카 호수와 그 뒤를 이어 등장한 중심지인 수도 쿠스코 사이의 밀접한 관계가 소개되고 있다.

이제까지 논의되었던 기원 신화들에서는 이상하게도 잉카 세계를 규정하는 주요한 지리적, 인구학적 그리고 정치적 구분인 '네 개의 연합 구역'을 의미하는 타후안틴수유(Tahuantinsuyu)에 대해 거의 관심을 기울이지 않았다. 기원 신화들에서 특별한 이유 없이 생략되었던 것은 콜라수유(Collasuyu) 구역이었다. 쿠스코의 남동 지역을 포함하고 있었던 이 구역은 수도인 쿠스코에서 티티카카 호수로 확대되었을 뿐만 아니라, 훨씬 더 멀리로는 중남부 볼리비아의 남동쪽으로 그리고 아르헨티나의 북서쪽으로까지 확대되었다. 창조 작업이 티티카카 호수에서 북서쪽으로 진행되었다면, 티티카카 호수의 남동쪽에 살고 있었던 콜라수유인들은 어디에서 기원하는가? 볼리비아 지역(예컨대 카라카라와 차카 같은 곳)에서는 나머지 세 구역의 타후안틴수유에서처럼 그와 동일한 시기에 동일한 방식으로 강력한 종족과 종족 동맹이 만들어지지 않았었는가? 아마도 잉카인들이 콜라수유의 신화를 받아들여서 쿠스코의 관점에서 다시 이야기했을 가능성이 있다. 이렇게 함으로써 잉카인들은 그들 자신의 기원에 권위와 정통성을 구체적으로 부여하기를 바랐을 것이다.

태초에 잉카 세계를 네 구역으로 구분하는 것에 대해 이야기하고 있는 신화는 가르실라소 데 라 베가의 저작인 《잉카인들에 대한 사실적 비평》에서 소개되고 있다. 가르실라소는 홍수가 물러간 뒤에 한 남자(이 신화에서는 이름이 없는)가 티아후아나코에서 그 모습을 드러냈다고 말하고 있다. 이 남자는 너무 힘이 센 나머지 티아후아나코를 네 구역으로 나누어서 네 명의 왕 각각에게 한 구역씩을 주었다. 만코 카팍은 북쪽을, 콜라(Cola)는 남쪽을, 토카이(Tocay)는 동쪽을 그리고 피나후아(Pinahua)는 서쪽을 각각 받았다. 티아후아나코의 창조자는 각각의 왕에게 자신의 구역으로 들어가 그곳 주민들을 정복해서 통치하라고 명령했다.

이즈음 해서 이제까지 논의된 신화들에서 나타난 주요 요소들 가운데 일부를 요약하는 것이 논의를 이끌어가는 데 도움이 될 수 있을 것이다. 이러한 주요 요소들은 제국의 다른 지역들, 특히 볼리비아 북부에서 에콰도르에 이르기까지 안데스 산맥의 등성이를 따라 위치했던 지역의 신화들을 조사할 때 다시 등장할 핵심 개념들과 사건들 그리고 그 관계들에 관한 것이기도 하다. 시간적 그리고 공간적으로 광범위하게 분포된 이러한 주요 요소들은 제국 전체의 신화적 전승들에 형태와 통일성을 부여했던 스페인 정복 이전의 고유한 개념들과 주제 원리들을 꽤 잘 묘사하고 있다.

첫번째 요소는 모든 인간이(적어도 제국 내에서는) 티티카카 호수에서 유래되어 흔히 비라코차로 알려진 최고의 창조자 신에 의해 그곳에 머물도록 권유받았다는 것이다. 두 번째 요소로, 일정한 지역을 차지하고 있던 특정 집단의 구성원들―'종족', 아일루 또는 가족―이 샘이나 동굴 같은 지방의 특정 장소를 그들의 유일한 기원 장소로 간주하는 경향이 일관되게 발견된다는 것이다. 집단 전체의 안녕을 위해서 '신성한 장소'(huaca)로 간주되었던 장소에 제물이 바쳐지곤 했다. 더욱이 미이라화된 조상들이 이 신성한 장소에 보관되어 숭배되었던 것 같다. 세 번째 요소는 지방의 원주민들과 침략자로서 그곳에 도착했던 것으로 여겨진 일단의 외래인들 사이의 상호 보완적인 관계(그것이 협력에 기초하든 아니면 갈등에 기초하든)이다. 결과적으로 지방민들과 외래인들 사이의 관계는 두 집단이 차지했던 영토 내에서 정치 생활을 규정짓는 관계가 되었다. 마지막 요소는 사람, 장소 그리고 역사상의 모든 관계에 적용되었던 계급 또는 서열의 원리이다. 이들 요소들은 놀라울 정도로 규칙적으로 제국의 여러 신화들에서 재차 등장한다. 우선은 잉카인들에 대한 식민시대 저술가들의 우주관의 기초가 되었던 또 하나의 주제를 검토하는 것이 중요할 것이다.

파차쿠티(Pachacuti): 세계의 창조와 파괴의 순환

잉카인과 후기 식민시대의 케추아인 그리고 아이마라(Aymara)인의 우주 창조의 사고에서는 세계의 격변적인 파괴와 재창조가

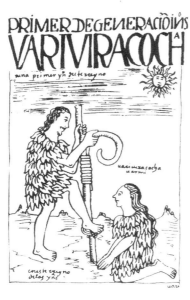

구아만 포마가 전하는
세계의 최초의 네 시기

1기―위라코차 루나의 시기

2기―와리 루나의 시기

3기—푸룬 루나의 시기

4기—아우카루나의 시기

규칙적으로 되풀이되었다는 관념이 중심을 이룬다. 이러한 관념은 신화 시대에 사건의 연속으로 특징지어지는 순환이라는 일반적 주제에서 분명하게 드러나고 있다. 순환 개념은 케추아어의 파차쿠티(pachacuti)에서 유래되었다. 이것은 '시간과 공간'의 '순환 또는 회전'을 의미하는 단어이다. 파차쿠티라는 단어는 티티카카 호수의 일부 기원 신화에서 보아왔던 것처럼 세상 사람들의 파멸과 새로운 종족으로의 대체라는 수많은 신화적 사건들에 대한 연대기 작가들의 설명에서 종종 사용되고 있다. 이 주제는 식민시대에 수집된 잉카 신화에 관련된 자료들에서 잘 묘사되고 있다. 가장 많이 알려진 보기들 중 하나는 구아만 포마가 《새로운 연대기와 좋은 정부》에서 묘사하고 있는 부분이다.

구아만 포마는 17세기 중반의 관점에서 세계가 다섯 시기로 나누어지고 있다고 해석했다. 다른 해석들과 비교해 그의 해석이 갖는 특징은 잉카인/안데스인의 우주관을 전체적으로 다섯 시기로 구분하고 있다는 점일 것이다. 다섯 시기는 각각 일천 년 동안 계속된 '태양'의 시기로 간주되었다.

구아만 포마의 해석에서 제1기는 와리 위라코차루나(Wari Wiracocharuna)라 불렸던 인류와 함께 태초의 암흑 시대 동안에 시작되었다. 와리는 라마(아메리카 낙타)와 알파카(남미산 라마의 일종) 사이에서 이종 교배된 낙타를 뜻한다. 루나는 케추아어로 '사람'을 의미한다. 구아만 포마는 이 명칭으로 불렸던 사람들을 스페인 사람들을 통해서 알려졌던 노아의 방주 시대 사람들로 해석하고 있다. 제1기의 사람들은 기술 수준이 매우 낮았으며 나뭇잎과 그 밖의 가공 처리되지 않은 식물 재료들로 만든 옷을 입었

다. 구아만 포마는 와리 위라코차루나가 처음에는 유일신을 숭배
했지만, 나중에는 두 가지 형상을 하고 있었던 비라코차–티키 비
라코차(Viracocha-Ticci Viracocha)와 카일라 비라코차–파차카막
(Caylla Viracocha-Pachacamac)을 포함해 안데스의 창조자 신들
을 숭배하기 시작했다고 말하고 있다. 제1기는 구체적으로 설명
할 수 없는 어떤 이유로 막을 내렸다.

　와리 루나(Wari Runa)로 불렸던 제2기의 인류는 앞선 제1기의
인류보다 더 진보했다. 그들은 동물 가죽의 옷을 입었고 초보적
인 수준의 농업을 실시했으며 전쟁 없이 소박하게 그리고 평화롭
게 살았다. 그들은 비라코차를 창조자로 간주했다. 제2기는 대홍
수로 막을 내렸다.

　제3기는 '난폭한 사람'이라는 뜻의 푸룬 루나(Purun Runa)의
시기였다. 이 시기의 사람들이 섬유와 염색한 알파카 털로 만든
옷을 입었다는 사실로부터 문명이 더욱더 복잡해지고 있었음을
짐작할 수 있다. 그들은 농업, 광업 그리고 장신구 제조에 종사
했다. 인구가 예전 수준을 뛰어넘으면서 전에는 사람이 거주하지
않았던 저지대로 이주하는 일이 일어났다. 갈등과 전쟁 또한 눈
에 띌 정도로 증가했다. 도시마다 왕이 있었으며, 모든 사람들은
창조자인 파차카막을 숭배했다.

　제4기는 '호전적인 사람'이라는 뜻의 아우카 루나(Auca Runa)
의 시기였다. 일부 구절에서 구아만 포마는 잉카 제국의 초기가
이 시기에 해당된다고 말하고 있지만, 그 밖의 구절에서는 잉카
인들이 제5기에 살았던 것으로 간주되고 있다. 아우카 루나의 시
기에 세계는 네 부분으로 나뉘어졌다. 전쟁은 증가했고 사람들은

산꼭대기의 석조 가옥과 요새에서 살았다. 아일루가 이 시기에는 일반화되었으며 십진법을 기초로 한 행정이 실시되었다. 일반적으로 기술적 그리고 물질적인 생활 조건은 앞선 시대보다 훨씬 더 향상되었고 복잡해졌다. 구아만 포마는 이 시기가 어떻게 끝나게 되었는지 구체적으로 기록하지는 않고 있다.

제5기는 잉카인들의 시기였다. 구아만 포마는 연대기에서 군주제, 십진법에 기초한 관료 제도, 사람들의 연령 등급제 그리고 제국의 종교 조직을 포함해 제국의 주요 제도들을 기술하고 있다. 종교 조직에 관하여 잉카인들은 구아만 포마가 '쿠스코의 악마들'이라고 말했던 초자연적 존재인 구아카 빌카스(guaca bilcas)를 숭배하기 시작했다. 물론 제5기는 스페인의 정복으로 막을 내렸다.

구아만 포마는 이렇게 간략하게 다섯 시기 내지는 '태양'의 구성에 대해 개관함으로써 사실 복잡하고 오히려 혼란을 일으킬 수 있는 이야기들에 대해서는 상세한 서술을 생략하고 있다. 구아만 포마는 많은 기독교의 상징과 정서를 토착의 요소들처럼 보이는 것들과 혼합하고 있다. 토착적 요소들에는 앞에서 언급한 바 있는 창조자 신들인 비라코차와 파차카막과 아일루와 십진법에 기초한 조직처럼 안데스인들에게서 오랫동안 입증되었던 제도들 그리고 세계의 창조와 파괴의 연속이라는 순환 개념 주위에서 형성된 전반적인 구조가 포함된다. 나중에 살피게 되겠지만 이 개념은 동시대 안데스의 신화들, 특히 현세의 종말과 지상의 정당한 지배자로서 잉카인들의 복권復權에 관한 신화들에서 지속된다.

이러한 견해와 세계의 다섯 시기에서 잉카인들이 차지했던 위상에 대한 초기의 묘사들은 다음과 같은 질문을 야기한다. 잉카인들은 누구였는가? 그들은 어디에서 왔는가? 이러한 질문들에 대한 대답은 잉카인들뿐만 아니라 스페인의 연대기 작가들에게서도 지극히 중요한 관심의 대상이었다. 잉카인들과 스페인의 연대기 작가들은 안데스의 우주 기원의 신화들에서 자세하게 이야기되었던 바 태초에 발생했던 혼란스러운 그 일련의 사건들의 의미를 이해하기 위해 힘썼다.

3장 잉카국의 기원 신화

잉카국의 건립은 계략을 통해서 이루어진 것인가?
잉카국의 통합과 팽창에 관한 신화들

3장 잉카국의 여러 기원 신화

일찍이 예수회 소속 성직자였던 베르나베 코보는 잉카인들의 신화에 대해 이야기하면서 안데스 산맥에 살고 있었던 여러 혈족 또는 종족들과는 다르게 잉카인들은―아마도 그들이 정치적 위험에 빠져 있다는 것을 깨달았기 때문에―지방의 모든 집단이 그들 각각의 기원 장소를 가지고 있는 것에 불만이었다는 사실을 환기시켰다. 안데스인들에게서 기원 장소는 특별하고 모든 것을 포함한 곳이었다. 코보가 주목했던 것처럼, 이들 페루의 종족들이 그들의 기원에 관해 그런 터무니없는 믿음을 갖게 되었던 이유는 잉카인들의 야심 때문이었다. 잉카인들은 파카리탐보(Pacaritambo) 동굴을 그들의 혈통이 시작된 곳으로 숭배했던 최초의 사람들이었다. 그들은 모든 종족들이 그곳에서 유래했으며, 이러한 이유로 모든 종족들은 잉카인들의 가신家臣이며 그들을 섬기지 않으면 안 된다고 주장했다. 잉카인들은 파카리탐보 동굴에서 유래되었다는 그들의 기원 신화를 자세히 이야기함에 있어서 다른 야심을 품고 있었음이 분명하다.

파카리탐보에 집중되었던 잉카인들의 기원 신화는 개략적으로 다음과 같다. 파카리탐보라고 불렸던 쿠스코의 남쪽에 위치한 한 장소에 '창문 집'을 의미했던 탐보 토코(Tambo T'oco)라는 산이 있었다. 그 산에는 세 개의 창문, 또는 동굴이 있었다. 네 명의 형제와 네 명의 자매로 이루어진 잉카인들의 조상이 중앙 창문에서 나왔다. 여기에서 주요 인물은 제국 최초의 왕이 되도록 운명 지어졌던 만코 카팍이었다. 잉카인들은 그들의 수도를 건설할 기름진 땅을 찾아서 탐보 토코 산의 주위에 살고 있었던 사람들과 여행을 떠났다. 오랜 기간 동안의 방랑 이후에 그들은 마침내 쿠스코의 계곡이 내려다보이는 한 언덕에 도착했다. 기적과도 같은 전조前兆들로부터 이곳이 그들이 그렇게 오랫동안 찾고 있었던 정착지임을 알아차린 잉카인들은 산에서 내려와 쿠스코의 계곡을 장악했다.

필자는 잉카의 기원 신화를 설명하면서 사르미엔토 데 감보아 (Sarmiento de Gamboa)가 1572년에 출판했던 《잉카인들의 역사》(Historia de los Incas)라는 책에 등장했던 주요 이야기들을 참조했다. 사르미엔토의 이야기는 잉카의 기원 신화에 대한 현존하는 가장 오래된 그리고 가장 상세한 해석들 가운데 하나다. 페루의 제4대 총독 프란시스코 데 톨레도의 전속 역사가였던 사르미엔토는 잉카 제국의 실제 역사를 편찬하는 책임을 맡고 있었다. 이러한 책임을 떠맡으면서 사르미엔토는 대단히 많은 보고자들과 접촉할 수 있었다. 예를 들어서 그는 역사적인 문제들에 관해서 100명 이상의 보고자들(quipucamayoqs)과 대담을 나누었다고 말하고, 이들 중 42명의 이름을 전하고 있다. 더욱이 사르미엔토는 자신의 이야기를 끝내자마자, 이들 42명의 잉카 귀족의

후예들에게 그의 연대기를 하나도 빠뜨리지 말고 케추아어로 읽
도록 했다고 한다. 사르미엔토가 전하고 있는 바에 따르면 이들
42명 모두는 '그(사르미엔토)가 쓴 잉카인들의 역사는 대단히 훌
륭한 책으로 사실과 틀리지 않으며 그들이 알고 있었던 것은 물
론이고 그들이 부모와 조상들에게서 들었던 것과 일치한다'는 점
에 동의했다고 한다. 하지만 사르미엔토가 기록했던 '실제 역사'
의 대부분은 신화로 분류되는 것이었다.

사르미엔토에 따르면 잉카인들의 기원 장소는 쿠스코에서 남쪽
으로 6리그(약 33km) 떨어진 곳에 위치했던 파카리탐보('새벽의
집' 또는 '기원의 장소')라 불리는 곳으로 태곳적에는 파카리탐보
에 세 개의 창문 또는 동굴이 있었던 탐보 토코('창문 집')라는
산이 있었다. 중앙에 위치한 창문은 '부유한 창문'이라는 뜻의
카팍 토코(Capac Toco)로, 그리고 측면에 위치한 두 개의 창문
은 마라스 토코(Maras Toco)와 수틱 토코(Sutic Toco)로 불렸다.
잉카인들과 동맹을 맺었던 두 인디오 종족들이 이 두 개의 측면
창문에서 유래했다. 마라스라는 인디오 종족이 마라스 토코 창문
에서 나타났던 반면에 탐보스(Tambos) 인디오 종족은(그들의 주
요 혈통은 수틱이라는 성을 지녔던 것으로 보인다) 수틱 토코 창문에
서 나왔다. 잉카인들의 조상은 중앙 창문인 카팍 토코에서 나타
났다. 사르미엔토는 이상의 세 집단이 티키 비라코차에 의해 탐
보 토코의 동굴 또는 창문에서 태어났다고 말한다.

사르미엔토에 따르면 탐보 토코의 중앙 창문에서 형제 자매인
네 명의 남자와 네 명의 여자가 나왔다. 베탄조스는 이들 8명의
조상이 서로 배우자로 짝지어졌다고 전하고 있다. 사르미엔토가

연령에 따라 제시했던 8명의 형제 자매(가장 나이가 많은 쌍인 아이아르 만코(Ayar Manco)와 마마 오클로(Mama Ocllo)가 가장 먼저 명부에 올려졌다)로 이루어진 조상의 이름은 다음과 같다.

형제/남편	자매/부인
아이아르 만코(Ayar Manco (Capac))	마마 오클로(Mama Ocllo)
아이아르 아우카(Ayar Auca)	마마 후아코(Mama Huaco)
아이아르 카치(Ayar cachi)	마마 이파쿠라/쿠라
	(Mama Ipacura/Cura)
아이아르 우추(Ayar Uchu)	마마 라우아(Mama Raua)

아이아르는 케추아어로 '시체'를 의미하는 아야(aya)에서 유래한 것으로, 이것에 의해서 신화적 인물로서의 조상들과 쿠스코의 태양 사원에 있는 특별한 방에서 보관된 채 숭배되었던 미이라화된 잉카왕들의 유해 사이

파카리탐보의 탐보 토코 동굴에 경배하고 있는 잉카의 왕과 여왕

에서 연결 고리가 확인될 수 있다. 게다가 아이아르는 안데스 산맥의 고지대 농작물인 야생의 변종 식물 퀴누아(quinua)를 가리키는 이름이었다.

아이아르 형제 자매들에 대한 대부분의 이야기들이 잉카인들의 조상이 파카리탐보의 탐보 토코에서 유래했다고 전하고 있는 반면에 마르틴 데 무루아(Martín de Murúa)와 구아만 포마의 연대기에서는 잉카인들의 조상이 원래는 티티카카 호수에서 파카리탐보 동굴로 몰래 잠입했다고 기록되어 있다. 게다가 가르실라소의 연대기에는 만코 카팍과 마마 오클로를 티티카카 호수에 있는 태양의 섬과 연관지어 주는 잉카의 기원 신화를 찾아볼 수 있다.

탐보 토코에서 그 모습을 드러냈던 잉카인들의 조상은 그 이후에 탐보스 인디오들과 동맹을 맺고 그들과 함께 비옥한 땅을 찾아 나설 준비를 했다. 정착하기에 좋은 지역을 찾았던 그들은 그곳의 원주민들을 정복할 것을 맹세했다. 사르미엔토는 이

최초의 잉카 왕인 만코 카팍

사건의 추이를 다음과 같이 묘사하고 있다.

  그들 사이에서 이러한 정복 계획이 동의를 얻자마자, 8명의 조상
은 그곳에 있었던 사람들을 선동하기 시작했다. 정복에 대한 대가
로 잉카의 조상들은 그들을 부유하게 만들어 주겠으며 정복한 지역
의 땅과 재산을 그들에게 나누어 주겠다고 제안했다. 이러한 제안
에 대한 관심 때문에 결과적으로 탐보스 인디오들 사이에 혈통 또
는 파벌을 의미하는 10개의 집단 또는 아일루가 형성되었다.

탐보 토코에서 만들어진 탐보스 인디오들의 10개의 아일루는
나중에 잉카의 쿠스코에서 일반 대중의 주요 집단을 구성했으며,
수도 쿠스코의 사회 조직은 최초 10명의 왕들의 후손으로 이루어
진 파나카(panaca)라는 10개의 왕족 아일루가 더해져 완성되었
다. 탐보 토코에서 창조되어 모습을 드러낸 지 얼마 되지 않아서
여덟 명의 조상은 탐보스 인디오들의 10개의 아일루와 함께 쿠스
코 계곡을 향해서 북쪽으로 걸어가기 시작했다. 그 길을 따라가
면서 조상들은 탐보 토코에서 가지고 왔던 황금 지팡이로 흙 속
을 찔러 보면서 땅을 조사했다. 그들은 정착하기 적합한 기름진
땅을 찾고 있었다.

  조상들은 쿠스코로 여행하는 도중에 여러 번 멈추었다. 첫번째
로 멈추었을 때 맏형인 아이아르 만코(나중에 만코 카팍으로 불리게
된다)의 여동생이자 부인이었던 마마 오클로가 아이를 임신했다.
두 번째로 멈추었을 때 마마 오클로는 사내아이를 낳았으며, 그
들은 사내아이에게 신치 로카(Sinchi Roca)라는 이름을 지어 주

마마 후아코

었다. 이 아이는 아버지인 아이아르 만코의 뒤를 이어서 쿠스코의 두 번째 왕이 될 것이었다. 잉카의 기원 신화에 대한 베탄조스의 해석에 따르면 신치 로카는 잉카인들의 조상이 쿠스코에 도착해서 그곳을 장악한 이후에 쿠스코에서 태어났다고 한다. 사르미엔토의 해석에서는 두 번째 멈추었을 때 잉카인들의 조상과 탐보스 인디오들은 팔루타(Palluta)라는 곳으로 이동했다. 거기에서 그들은 몇 년간 머물렀지만, 만족하지 못하고 다른 곳으로 이동하기로 결심했다. 그리고 나서 그들은 하이스퀴스로(Haysquisrro)라는 곳에 도착했다. 거기에서 조상들 가운데 한 명이 집단에서 떨어져 나가는 중대한 사건이 발생했다.

잉카의 기원 신화에 대한 여러 해석들에서 아이아르 카치(Ayar Cachi)는 대체로 몹시 사납고, 난폭한 그리고 잔인한 인물로 알려졌다. 그는 또한 투석投石에 매우 능했다. 키에자는 아이아르 카치가 언덕과 바위를 박살내고 구름 위로 날아다니며 모든 걸 먼지로 만들어 버릴 수 있을 정도의 힘으로 자신의 투석기로 돌을 쏘았다고 전한다. 게다가 아이아르 카치는 조상들이 지나갔던 모든 도시에서 분쟁을 일으켰다. 그리고 그는 조상들과 동맹자들 사이의 평화와 조화를 깨뜨렸다. 사르미엔토에 따르면 "그 밖의 형제 자매들은 아이아르 카치가 악행과 속임수로 그들과 함께 여행했던 사람들을 혼란에 빠뜨리고 그들과의 관계를 소원케 할 것이며, 그래서 조상들이 홀로 남게 될지도 모른다는 걱정을 갖고 있었다."

이러한 걱정 때문에 아이아르 만코의 지휘를 받고 있었던 조상들은 골치 아픈 아이아르 카치에게서 벗어나기 위한 모종의 계략을 꾸미지 않으면 안 되었다. 만코는 아이아르 카치에게 그들이 유래했던 탐보 토코 동굴에 여러 가지 물건들을 남겨두고 왔다고 말했다. 이러한 물건들에는 나파(napa)라고 불리는 물건은 물론이고 금으로 만든 컵(topacusi) 그리고 몇 알의 씨앗이 포함되어 있었다. 나파는 사르미엔토의 말에 따르면 '귀족을 나타내는 표지'였던 라마(llama) 모양의 소형 조각물이었다(몰리나는 쿠스코에서 거행된 여러 의식을 소개하고 있는데, 이 의식에서 잉카인들은 금과 은으로 만들어진 작은 라마의 조상影像을 숭배했다). 처음에 아이아르 카치는 동굴로 돌아가기를 거부했다. 그러나 자매들 중에 가장 힘세고 호전적이었던 마마 후아코(베탄조스는 그녀를 아이아르 카치의 부인으로 묘사하고 있다)가 벌떡 일어서서 아이아르 카치를 게으른 겁쟁이라고 부르면서 호되게 꾸짖었다. 마마 후아코의 꾸짖음에 부끄러워했던 아이아르 카치는 동굴로 돌아가는 것에 동의했다.

탐보 토코로 돌아가는 여행에서 아이아르 카치는 탐보스 인디오들 중에서 탐보차카이(Tambochacay)라는 한 남자와 동행했다. 아이아르 카치는 모르게 다른 조상들은 탐보차카이에게 동굴에 도착하는 즉시 말썽 많은 아이아르 카치를 처치하라는 임무를 부여했다. 탐보 토코에 도착하자마자 아이아르 카치는 물건들을 찾아 가지고 오기 위해서 동굴 안으로 들어갔다. 탐보차카이는 즉시 거대한 둥근 돌로 동굴 입구를 막아서 아이아르 카치를 영원히 동굴 속에 가두어 버렸다.

아이아르 카치를 제거한 조상들은 이동을 계속해서 쿠스코의 계곡에 인접한 주변 지역의 후아나카우리(Huanacauri) 산 기슭에 자리잡은 퀴리만타(Quirirmanta)라는 곳에 도착했다. 후아나카우리 산에 오르자마자 조상들은 맨 처음 쿠스코의 계곡을 바라보았다. 그들이 계곡의 토양을 조사하는 데 사용했던 황금 지팡이를 들어올렸을 때, 그들은 손잡이 전체가 땅 속으로 빠져드는 것을 목격했다. 이러한 징후뿐만 아니라 계곡 위로 펼쳐져 있던 무지개의 흔적에 의해 조상들은 이곳이 그들이 오랫동안 찾고 있었던 정착지였음을 확인하고 내려갈 준비를 했다.

이때, 형제 중 막내인 아이아르 우추가 후아나카우리 산에서 돌로 변했다. 이 신화에 대해서 베탄조스는 아이아르 우추가 돌

후아나카우리 산 정상에서 바라본 쿠스코 계곡

로 변하기 직전에 한 쌍의 커다란 날개를 펼치고 후아나카우리
산 꼭대기에서 하늘로 날아갔다고 전하고 있다. 돌아온 즉시 아
이아르 우추는 자신이 태양과 나누었던 이야기를 전하면서 아이
아르 만코가 앞으로는 만코 카팍('최고로 부유한 자')으로 불려져
야 하며 쿠스코로 계속 이동해야 한다고 말했다. 아이아르 우추
는 잉카인들이 거기 알카비카가 머물고 있는 곳에서 좋은 사람들
과 사귀게 될 것이라고 말했다. 이런 말들을 남기고 아이아르 우
추는 돌로 변했다. 잉카인들은 나중에 이 돌을 주요 성소聖所들
중 하나로 숭배했다.

이제 남아 있는 6명의 조상은 후아나카우리에서 마타오(Matao)
라는 곳으로 갔다. 사르미엔토에 따르면 그들은 마타오에서 2년
동안 머물렀다. 베탄조스는 잉카 조상들이 여행할 무렵과 거의

옥수수 열매와 땅파는 막대기 그리고 병 모양으로 만들어진 잉카의 그릇

동일한 시기에 쿠스코 근처의 한 이름 없는
장소(아마도 마타오로 추정되는)에서 발생
했던 한 사건에 대해 자세히 이야기
하고 있다. 이곳에서 투석에 대단히
능했던 마마 후아코가 투석기로
던진 돌로 한 남자를 맞춰 죽였
다. 그리고 나서 그녀는 그의 가
슴을 갈라서 폐와 심장을 꺼내 폐
에 바람을 집어넣어 부풀게 한 뒤
그곳의 주민들에게 전시했다. 그 일로
사람들은 모두 도망갔으며 조상들은 계
속 쿠스코를 향해 나아갔다.

　쿠스코에 도착한 뒤 그들은 알카비카에게
가서 그들이 아버지인 태양으로부터 쿠스코를
손에 넣으라는 명령을 받고 이곳에 오게 되었다고
말했다. 알카비카와 그의 추종자들은 조상들의 요구에
따르기로 하고 6명의 조상들을 위해 자리를 양보했다. 그리고 나
서 만코 카팍은 탐보 코보의 동굴에서 가지고 왔던 옥수수 씨앗
을 몇 알 꺼내어 알카비카와 다른 조상들의 도움을 받아 쿠스코
계곡의 경작지에 심었다. 몰리나는 잉카인들이 경작지에 씨를 뿌
림으로써 쿠스코의 계곡에서 '식물 재배를 가능케 했던' 일에 대
해 흥미로운 설명을 하고 있다. 몰리나는 쿠스코 계곡의 경작지

에서 최초로 식물을 재배할 수 있게 했던 것은 만코 카팍이 아니라 조상의 자매들 중 한 명이었던 마마 후아코였다고 말한다. 마마 후아코가 죽은 후에 그녀의 몸은 미이라화되었으며 그녀의 미이라를 돌보는 사람들이 매년 동일한 경작지에서 재배한 옥수수로 치차(chicha: 발효된 옥수수 맥주)를 만들었다. 치차는 마마 후아코의 미이라에 대한 제사 의식을 치르는 사람들에게 제공되었다.

만코 카팍과 그의 동반자들이 마침내 쿠스코 시의 중심이 될 후아나이파타(Huanaypata) 광장에 이르렀을 때, 아이아르 아우카—조상들 중에 만코 카팍을 제외하고 유일하게 남아 있던 형제—가 돌기둥으로 변했다. 이 기둥은 그때부터 성소로 숭배되었다. 이제 쿠스코 시의 기초를 닦고 건설할 수 있는 사람으로 만코 카팍과 네 명의 자매들 그리고 사내아이인 신치가 남게 되었다.

요약하자면 사르미엔토, 베탄조스 그리고 그 밖의 연대기 작가들이 이야기했던 잉카 신화에 대한 여러 해석에서 우리는 일찍이 제국 기원 신화의 '전형적인 요소들'로 특징지어졌던 여러 모티브들과 마주치게 된다. 즉 초기에 티티카카 호수에서 지하로 들어갔던 조상들에게는 파카리탐보의 탐보 토코 동굴이 그들의 기원 장소였다. 조상들 중 한 명인 아이아르 카치가 갇힌 채 매장되었던 동굴은 잉카 시대에 중요한 성소이자 순례지로 간주되었다(이 유적은 오늘날 '고대 도시'를 의미하는 마우칼라크타(Mauqallaqta)로 알려지고 있다). 잉카 조상들은 그들의 기원 장소였던 동굴에서 쿠스코의 계곡으로 향했다. 그곳에서 조상들은 알카비카의 지배를 받고 있었던 원주민들을 정복해서 외래의 침입자들과 지방의 예속민들 사이에 위계적이고 정치적인 관계를 확립했다. 이러한

관계는 그 뒤 수도의 잉카인들과 제국 전지역의 지방민들 사이의
관계를 특징짓게 되었다.

잉카국의 건립은 계략을 통해서 이루어진 것인가?

　만코 카팍이 쿠스코의 계곡을 정복한 이후에 쿠스코에서 일어
났던 것으로 보이는 다른 신화적 사건들을 검토하기에 앞서, 잉
카인들의 행위의 동기를 대단히 사악하고 겉과 속이 다른 것으로
소개하고 있는 파카리탐보의 기원 전승들 가운데 하나가 검토되
어야 한다. 이러한 해석의 기본 줄거리는 아이아르 형제 자매들
이 쿠스코 계곡의 원주민들에게 잉카인의 조상인 그들이 태양의
자손이라는 점을 믿게 하려고 계략을 꾸몄다는 것이다. 만코 카
팍은 몸의 앞쪽과 등 쪽에 금도금한 갑옷으로 장식했다. 그리고
나서 만코는 일출의 순간에 자신이 눈부시게 빛나는 신처럼 보이
도록 쿠스코가 내려다보이는 후아나카우리 언덕에 자리를 잡았
다. 원주민들은 이런 그의 모습에 경외심을 갖게 되었으며, 그
후 만코는 후아나카우리에서 쿠스코로 내려와서 쿠스코 계곡을
지배했다.
　이 이야기에 대한 서로 다른 해석들은 다양한 기록들에서 유래
한다. 기록에 따르면, 잉카 조상들이 원주민들을 속였던 계략은
대단히 교묘했던 것으로 생각할 수 있다(예를 들어서 마르틴 데 무
루아의 해석에서처럼). 하지만 최악의 경우에 그 계략은 사악한 저
의를 갖고 있었던 것으로, 지방 주민들에 대한 잉카인들의 지배

잉카의 파카리탐보에 있는 마우칼라크타(Mauqallaqta)의 유적

는 이러한 속임수 때문에 불법적인 것이었음을 의미한다. 이것과 관련해서 스페인의 정복 이후 불과 10년밖에 지나지 않았던 1542년경에 쿠스코에서 바카 데 카스트로(Vaca de Castro)가 잉카인들의 기원에 대해 전하고 있는 이야기에 주목해야 한다. 이 이야기는 네 명의 나이든 보고자들(quipucamayoqs)─이들 중 두 명은 파카리탐보의 토착민이었던 것으로 전해진다─이 제시했던 증거에 기초해 작성된 《원주민 관리들의 혈연 관계》라는 기록에 등장하고 있다. 파카리탐보 출신의 두 명의 보고자가 분명하게 말했던 기원 신화는 다음과 같다.

만코 카팍은 파카리탐보의 한 쿠라카(curaca, 지방의 관리이자 상류층 혈통의 수장)의 아들이었다. 만코의 어머니는 그가 태어날 때 죽었기 때문에 그는 아버지에 의해 양육되었다. 만코가 어렸을 때 아버지는 그를 '태양의 아들'이라는 별명으로 불렀다. 만코가 10살 아니면 12살의 나이에 이르렀을 때, 아버지가 돌아가셨다. 그러나 아버지가 '태양의 아들'이라는 이름이 단지 별명에 불과했다는 점을 만코 카팍에게 설명하지 않고 죽었기 때문에, 만코와 파카리탐보의 '어리석은 종족들'(gente bruta)은 그가 진짜 태양의 아들이라는 생각을 하게 되었다. 이제 만코의 가족으로는

후아나카우리 산
정상에 서 있는 만코 카팍

만코 카팍의 아버지의 성상聖像을 지키고 있었던 두 명의 노인이 있었다. 이들은 만코가 신성한 존재라는 '속임수'를 계속 퍼뜨려 나갔다. 만코 카팍은 이러한 속임수를 받아들였으며, 18살 아니면 20살이 되었을 때는 아버지의 성상을 지켰던 두 명의 노인에 의해 그와 그의 후손들이 지상의 당연한 지배자라는 점을 더욱 확신하게 되었다. 이러한 속임수에 고무된 만코 카팍은 후아나카 우리로 불렸던 아버지의 주요 성상뿐만 아니라 그의 가족 구성원이었던 두 명의 노인을 데리고 쿠스코를 향해 출발할 준비를 했다. 속임수로 잉카인들이 힘을 합쳐 권력을 장악했다는 이러한 해석은 만코 카팍이 금으로 뒤덮인 화려한 장식의 옷을 입고 후아나카우리 산 위에 서서 사람들로 하여금 그와 그의 가족을 지배자로 받아들이도록 현혹시켰다는 점에서 위에서 언급된 다른 해석과 유사하게 끝을 맺고 있다.

연대기 작가인 가르실라소는 만코 카팍을 티티카카 호수뿐만 아니라 잉카 최초로 자신을 태양의 아들이라고 속였던 인물이라는 주제에 연결시킴으로써 잉카인들의 기원 신화를 더욱 복잡하게 만들었다. 가르실라소에 따르면 만코 카팍은 티티카카 호수 근처에 살고 있었던 사람들이 대홍수에 뒤이어 태양이 나타나 태양의 섬 위에 최초의 빛을 비추었다고 믿고 있었음을 알았다. 이에 따라 만코 카팍은 태양이 남자와 여자 각 한 명씩 두 명의 자녀를 그곳에 남겨 두어서, 근처의 '미개한' 인디오들에게 교양 있게 사는 법을 가르치게 했다는 취지의 우화를 만들어 냈다.

"잉카인들은 그들의 이익을 위해 이러저러한 허구들을 만들어 냄으로써 남아 있는 인디오들로 하여금 그들이 태양의 자손들이라는 믿음을 갖도록 유도했으며, 선한 행동을 통해 그것을 입증해 보였다."

이러한 이야기들은 오늘날의 독자들에게 도대체 무엇이 진짜 잉카인의 믿음이었고, 무엇이 유럽인 또는 기독교도 저술가들에 의해 잉카인의 것이라고 간주된 사건이나 정서였는지 알고 싶게 만든다. 예를 들어서 만코 카팍의 명성과 위엄, 더욱이 그의 왕실 자손들의 명성과 위엄이 계략이나 속임수에 의한 것이었다는 생각은 한편에서는 잉카 지배의 정당성에 이의를 제기하고자 했던 사람들에게는 잉카인의 기원 신화가 조작된 것처럼 보이게 할 수 있었을 것이다. 다른 한편에서는 어느 정도 설득력을 갖는 가르실라소의 설명에서 알 수 있듯이 기독교에 대한 신앙을 고백했던 사람들은 토착민의 태양 숭배를 악마가 작용했던 결과로 보는 경향이 있었을 것이다. 따라서 후자의 경우에는 '태양의 자손'이었던 잉카인들이 지배권을 확립하는 과정에서 발생한 사건들을 악마의 소행으로 심각하게 의심했을 것이다. 이러한 신화들을 자세히 이야기했던 여러 연대기 작가들의 구체적인 동기와 관심이 무엇이었든, 태양 숭배가 대단히 오랜 역사를 갖고 있었고 또한 널리 퍼져 있었음을 충분히 입증할 수 있을 만큼 잉카 제국에서는 태양 숭배를 시사하는 기록들이 많이 있었다.

보다 다루기 힘들고 어려운 문제는 비라코차 숭배와 태양 숭배 사이의 연대기적 관련성이다. 일부 연대기 작가들은 잉카인의 태양 숭배가 쿠스코 계곡의 경계를 뛰어넘어 넓게 확대된 이후에 그리고 제국의 관료 조직이 완숙기에 접어들면서 뒤늦게 발전했다고 말하고 있다. 일부 다른 연대기 작가들은 비라코차 숭배가 태양 숭배를 대신했다고 주장한다. 잉카의 사건 연대기에 대한 자료 관리의 소홀이 이러한 문제들에 대한 대답을 온전히 이론적인 것으로 만들었다.

잉카국의 통합과 팽창에 관한 신화들

이제까지 개략적으로 살펴본 잉카인들의 신비적 역사에서 우리는 최초의 잉카인이었던 만코 카팍과 그의 형제 자매들이 쿠스코 계곡을 지배하게 된 사건들과 그 과정들을 연대순으로 기록했던 이야기들에 대해 알아보았다. 만코 카팍의 뒤를 이어 등장한 제국의 모든 왕들은, 일부 잉카 역사의 연구자들이 믿는 것처럼 단선적인 혈통으로 왕위가 계승되었건 그렇지 않으면 다른 일부 연구자들이 주장하는 것처럼 이원적인 공동 국왕의 혈통으로 왕위가 계승되었건, 근본적으로는 최초의 왕이었던 만코 카팍과 그의 누이이자 부인이었던 마마 오클로의 자손들이었다.

우리는 만코 카팍에 뒤이은 잉카 왕들의 왕위 계승과 관련해 일련의 복잡한 문제들에 직면하게 되었다. 첫번째로는 1532년 스페인 식민자들이 도착할 때까지 만코 카팍에 대한 계승을 근거로 잉카 제국을 지배했던 왕들의 전체 숫자 같은 문제들이 있다. 두 번째는 왕들의 치세 연대에 관련된 문제이고 세 번째는 왕들이 실제로 역사상의 인물이었는가, 아니면 그들 중 일부(또는 모두?)가 신화의 영역으로 분류되어야 하는 인물인가의 문제이다. 이러한 문제들에 대해서는 학자들이 주장했던 다양한 견해들 사이의 세밀한 구별과 미묘한 차이들을 깊이 파고들 수 없을 뿐만 아니라 그럴 필요도 없다. 오히려 쿠스코 계곡 내에 있던 잉카인들의 권력 강화와 관련된 신화적 사건들에 대한 논거로서 잉카 제국 왕들의 명단이 제시될 수 있을 것이다. 대부분의 이야기에 따르면 스페인에 정복되기 이전의 지배자는 구아이나 카팍(Guayna Capac)이었다. 스페인 식민자들이 페루에 입성했을 때, 구아이나 카팍의 두 아들(서로 다른 부인에게서 얻은)인 후아스카르(Huascar)와 아타후알파(Atahualpa) 사이에서 왕위 계승을 둘러싼 논쟁이 진행되고 있었다.

잉카 제국의 왕들

만코 카팍(Manco Capac)

신치 로카(Sinchi Roca)

로퀘 유판퀴(Lloque Yupanqui)

마이타 카팍(Mayta Capac)

카팍 유판퀴(Capac Yupanqui)

잉카 로카(Inca Roca)

야후아르 후아칵(Yahuar Huacac)

비라코차 잉카(Viracocha Inca)

파차쿠티 잉카 유판퀴(Pachacuti Inca Yupanqui)

투팍 잉카 유판퀴(Tupac Inca Yupanqui)

구아이나 카팍(Guayna Capac)

후아스카르(Huascar)와 아타후알파(Atahualpa)

연대기 작가들은 제국의 여러 왕들과 왕비들에 관해 다양한 정보들을 제공하고 있다. 이들 정보 가운데 일부는 대단히 그럴듯해 보이며, 여기에 언급된 사건들은 스페인의 정복이 있기 이전 잉카 제국 후기의 일정 시기에 관한 것임이 틀림없다. 예를 들어서 만코 카팍은 쿠스코의 주민을 '상층 쿠스코인'(Hanan Cusco)과 '하층 쿠스코인'(Hurin Cusco)의 두 부류로 나누었다고 전해지고 있다. 쿠스코 시의 주민은 스페인 식민자들이 도착했을 때 실제 이런 식으로 나누어져 있었다. 신치 로카는 쿠스코 계곡의 사람들에게 감자를 재배하기 위한 땅을 개간하라고 명령했다고 한다. 그리고 쿠스코 계곡은 적어도 잉카 시대부터 오늘날에 이르기까지 이런 식으로 경작되어 왔다. 마이타 카팍은 그의 통치에 불안감을 갖고 있었던 알카비카인들이 일으킨 반란을 진압했던 것으로 알려졌다. 이러한 모든 사건이나 행위들은 비록 그것들 중 어느 하나가 실제로 언제 발생했는지 정확히 말할 수 없다고 할지라도 그럴듯한 역사적 사건들이었다.

반면에 위에서 개략적으로 말했던 사건들은 여러 기록들에서 본질적으로 신화에 보다 가까웠던 사건들과 뒤섞여 있다. 여기에서는 특별히 잉카인들의 출현과 제국의 통합에 관한 잉카인 보고자들의 이야기에서 대단히 중요했던 것처럼 보이기 때문에 필자가 '신화-역사적'(그것들의 역사적 성격을 확신할 수 없기 때문에)이라고 부를 두 사건에 대해 언급하고자 한다. 첫번째 사건은 쿠스코의 서쪽에 위치했던 강력한 찬카(Chanca)족과의 전쟁이다. 두번째 사건은 한 명의 어린 잉카 왕자와 창조자 신이었던 비라코차의 조우였다.

찬카족 군대의 쿠스코 공격과 한 어린 왕자의 쿠스코 방어는 잉카의 신화적 역사에서 대단히 중요한 부분에 해당된다. 왜냐하면 잉카인들이 제국 건설에 착수했던 것은 이 사건이 있은 지 얼마 지나지 않아서였다고 말해지고 있기 때문이다. 일부 기록들이 이 신화에 등장하는 영웅적인 왕자가 야후아르 후아칵의 아들인 비라코차 잉카였다고 말하고 있는 반면에 다른 일부 기록들은 이 사건의 영웅적인 주인공을 비라코차 잉카의 아들인 파차쿠티 잉카 유판퀴에게서 찾고 있다. 찬카족 군대가 쿠스코 시로 진입해 들어오기 시작했을 때, 왕을 포함해 대부분의 주민들이 도망했다. 단지 어린 왕자와 그의 친구들만이 쿠스코를 방어하기 위해서 남았다. 몇 안 되는 방어자들은 찬카족이 개시했던 최초 두 차례의 공격으로 거의 패배했다. 그러나 마지막 공격에서 잉카인들이 최후를 맞이할 위기에 처했을 때, 계곡의 바위와 돌이 전사로 변했고, 어린 왕자는 이들의 도움을 받아 적을 물리칠 수 있었다. 푸루라우카스(pururaucas)로 불렸던 바위들이 그때 이후 성소로 숭배되었다.

여러 연대기에서 등장하는 이 신화로부터 잉카인들과 마찬가지로 오늘날의 독자들도 계곡의 바위와 돌이 잉카인들을 보호하고 쿠스코 시를 방어하기 위해서 벌떡 일어나 전사로 변했을 때 쿠스코 계곡에서 잉카인이 획득한 통치권이 신의 가호를 받고 있었음을 알게 된다. 일부 학자들이 스페인 식민시대의 기록에서 얻을 수 있는 정보가 근본적으로 신화적인 것에서 역사적인 것으로의 과도기에 해당된다고 주장한 것은 바로 이때의 것으로서, 신화적 역사에서 그리고 특히 여러 왕들의 행적에 대한 이야기에서

찾아볼 수 있다. 이 견해에 따르면 찬카족을 패배시켰던 사람은
다름아닌 파차쿠티 잉카였다. 그리고 이 사건에 뒤이어 쿠스코
시 그리고 제국의 의미 심장한 통합과 팽창이 이루어졌다. 또한
파차쿠티의 치세 기간은 서기 1438-71년으로 전해지고 있다. 이
제까지 잉카 왕조의 신화적 역사에 대한 이러한 역사화된 해석은
어떤 고고학적 기록들에 의해서도 확증되지 않았다.

  비록 절대 연대를 제시하지 않았다고는 하지만 적어도 찬카족
과의 전쟁에서 나타나는 몇몇 요소들을 '실제' 역사로 간주하는
다른 하나의 견해는 이 전투가 쿠스코 계곡에 있어서 잉카인의
권력 장악을 의미하는 대표적인 역사적 사건이었을지도 모른다는
점을 암시하고 있다. 잉카인들은 찬카족과의 전쟁을 통해 쿠스코
계곡에서 후아리(Huari)족의 자취를 없애버리려고 했다. 중기 수
평기에 티티카카 호수의 티아후아나코인과 동시대인이었던 페루
중부의 후아리족의 본거지는 찬카족의 권력 중심부로 알려졌던
지역 전체에 자리잡고 있었다.

  잉카국 형성의 신화로 돌아가서 찬카족과의 전쟁이 있었던 기
간과 동일한 시기의 연대기에서 자세하게 이야기되었던 또 하나
의 주목할 만한 신화적 사건은 어린 왕자 파차쿠티 잉카 유판퀴
와 창조자인 비라코차 파차야차키(Viracocha Pachayachachi)의
조우였다. 둘 사이의 조우는 수수르푸퀴오(Susurpuquio)라는 쿠
스코 외곽에 위치한 샘에서 이루어졌다. 파차쿠티가 아버지인 비
라코차를 만나기 위해 여행하던 중 그 샘에 이르렀을 때, 그는
샘 안으로 작고 납작한 수정 조각이 떨어지는 것을 보았다. 왕자
는 샘을 조사했으며, 그 수정 조각에서 잉카인들이 했던 것과 같

은 머리 장식(Ilauto)과 옷을 입고 있는 한 인디오의 형상을 보았다. 그 인디오은 다리 사이로 돌출한 '사자'(puma)의 머리가 있었고 등 위의 어깨 주위에는 발을 내민 다른 한 마리의 사자가 있었으며 등 맨 위쪽에서 아래쪽까지는 뱀의 형상을 하고 있었다.

파차쿠티는 수정을 갖고 그 샘을 떠났으며, 그때 이후로 그는 미래를 내다보기 위해서 이 수정을 사용했다. 파차쿠티는 작고 납작한 수정 조각에 그려진 형상을 창조자인 비라코차 파차야차키로 생각하고 있었다고 전해진다. 왕자는 자신의 이런 생각에 너무나 감명을 받은 나머지 자신의 치세 기간에 종교 개혁을 시작했다고 한다. 제국의 신적인 위계와 관련한 이런 특별한 이야기(물론 다른 이야기도 있지만)를 보면, 잉카 파차쿠티 유판퀴의 시대 이후에 숭배 의식이 행해지는 쿠스코 시대의 주요 사원이었던 코리칸차는 비라코차, 태양신, 달신, 베누스(Venus), 천둥의 신 그리고 무지개 신의 순서로 신들의 위계를 조정하고 나타내기 위해서 개조되었던 것이다. 신들의 이러한 위계는 전에는 코리칸차와 잉카의 판테온에서 최고 신이었던 태양신이 새 왕인 파차쿠티를 보호하는 신, 즉 비라코차로 대체된 결과였다.

그러나 파차쿠티 유판퀴와 관련해서 잉카 종교의 발전에 관한 다른 하나의 해석은 태양신이 비라코차를 대신해 제국의 주요한 신이 되는 잉카 종교의 '태양신화化'에 파차쿠티 유판퀴 왕이 깊이 관여하고 있었다는 주장이다. 이러한 관점에 따르면 파차쿠티가 '비라코차'라는 이름을 가졌던 자신의 아버지에 뒤이어서 왕위에 오른 것은 비라코차에 대한 숭배로부터 태양신에 대한 숭배로의 근본적인 변화를 상징하는 것이었다. 이러한 논쟁의 중심에

자리잡고 있는 또 하나의 주제는 왕들 중 한 명인 비라코차가 창
조자와 똑같은 이름 또는 칭호를 가졌다는 사실이다. 이것은 예
를 들어서 베탄조스의 연대기에서 왕이었던 비라코차 잉카가 어
느 날 밤 고통스러워하고 있던 자신 앞에 창조자가 나타났다고
주장했다는 사실로 설명된다. 창조자는 그를 진정시키고 기쁘게
해 주었다. 다음날 왕이 이 사건을 자신의 신하들에게 말했을
때, 그들은 일어서서 왕의 이름이 '왕이면서 동시에 신을 의미하
는' 비라코차 잉카가 되어야 한다고 말했다는 것이다.

　창조자 비라코차와 왕 비라코차의 관계에 대해서는 많은 질문
들이 제기되어 왔다. 우리는 여기서 이 문제를 해결할 수 없지만
그렇다고 쉽게 외면할 수도 없다. 만약 우리가 갖고 있는 기록들
의 특성을 감안한다면(여러 연대기 작가들이 서로 다른 시대에 서로
다른 보고자들과 이야기를 하고 서로 다른 이야기를 듣는다는 점에서),
이것은 신화와 역사 사이의 '혼동'으로 대단히 난처해지는 영역
이며, 잉카 신화에서 이들 두 중심 인물을 무조건 분리시켜서 해
결될 수 있는 영역 또한 아닌 것이다.

　이상의 문제들은 쿠스코에서 면면히 대를 이어온 보고자들과
시인-철학자들(amautas)이 과거 잉카의 신화들을 이야기할 때,
그리고 때때로 이를 재구성할 때조차도 주목을 끌었음에 틀림없
다. 하지만 쿠스코 외부의 사람들이 관심을 가졌던 것은, 물론
그들 또한 제국과 관련된 일부 신화를 가지고 있지만, 바로 그들
자신의 과거에 관한 문제들이었다. 즉, 그들은 어디에서 왔는가?
서로 이웃한 종족들은 어떻게 관련을 맺게 되었는가? 어떻게 그
리고 언제 그들이 잉카인들의 지배를 받게 되었는가? 이런 문제

들이었다. 다음 장에서는 올바른 평가를 기다리며 지금까지 보존
되어 온 그리고 지방민들의 관심사를 전하고 있는 몇 안 되는 일
부 신화를 검토할 것이다.

4장 해안과 지방의 신화

북부 해안의 지배자들과 잉카인들
평민(Hatunruna)들의 신화
후아로치리 지방의 신들과 사람들
비라코차와 파차카막
우상 숭배 그리고 콜럼버스 시대 이전의 신앙과 관습의 존속
우상 숭배

4장 해안과 지방의 신화

북부 해안의 지배자들과 잉카인들

아이아르 형제들과 쿠스코 및 잉카 제국 건립의 신화들은 안데스 산맥에서 접하게 되는 국가 기원의 주요 신화들이다. 그러나 이것들이 신화의 전부는 아니다. 제국의 그 밖의 지역, 특히 페루의 북부 해안으로 눈을 돌리게 되면, 우리는 그곳에서 쿠스코 왕조의 기원 신화들처럼 주목을 끄는 전체적으로 복합적인 국가 기원 신화들의 자취와 만날 수 있게 된다. 하지만 불행하게도 현재 우리는 람바이에퀘 (Lambayeque) 계곡에서의 두세 개의 신화 그리고 모체 계곡과 관련된 치모르(Chimor) 지배자들에 관한 하나의 신화를 포함해서 몇 안 되는 신화들의 윤곽만을 겨우 확인할 수 있을 뿐이다.

치무족의 노

람바이에퀘 계곡에 있는 후아카 초투나(Huaca Chotuna)의 안뜰 복원도

람바이에퀘 계곡을 중심으로 한 신화들에 대해 카벨로 발보아 (Cabello Balboa)는 1586년 그의 연대기에서 일찍이 바다에서 여러 척의 뗏목에 나누어 타고 계곡의 남쪽에 침입했던 사람들과 관련된 하나의 전승을 전해주고 있다. 카벨로 발보아가 '용맹스럽고 고귀한 사람들'이라고 부른 이들의 지도자는 나임라프 (Naymlap)라는 이름을 지닌 한 남자였다. 부인이었던 케테르니 (Ceterni)와 후궁들 그리고 대략 40명 정도의 수행원들이 나임라프의 뒤를 따랐다. 수행원들로는 나팔 연주자, 왕실 가마의 관리인, 의식에 사용하기 위해 조개 껍데기를 가루로 빻는 사람, 요리사 그리고 수많은 전문적인 관리들이 포함되어 있었다. 또한 나임라프는 그가 정착했던 강 유역의 명칭인 람바이에퀘의 기원이 되었던 것으로 여겨지는 얌팔렉(Yampallec)이라는 이름을 지닌 초록색의 석상을 함께 가지고 왔다. 카벨로 발보아는 얌팔렉 석상이 나임라프의 형상을 하고 있었으며 나임라프보다 두 배나 더 컸다고 전하고 있다. 나임라프는 초트(Chot)라 불리는 곳에

왕궁과 초록색의 석상을 모시는 기도소를 만들었다. 이것이 람바이에퀘 계곡에 위치한 후아카 초투나(Huaca Chotuna) 유적이라는 것은 거의 확실하다.

나임 라프는 오랜 기간 동안 평화롭게 살았다. 그는 죽어서 초트 왕궁에 매장되었다. 그러나 나임라프는 성직자들에게 그가 죽은 뒤에 곧바로 자신의 추종자들에게 그가 순식간에 사라져 없어졌다고 말하도록 했다. 나임라프의 뒤를 이어서 지방 여성이었던 졸졸로니(Zolzoloni)와 결혼했던 큰아들 키움(Cium)이 권좌에 올랐다(졸졸로니는 기록에는 스페인어로 평범하게 모자(Moza), 즉 이름이 있는 특정한 집단—여기서는 남쪽의 침입자 집단—이 아닌 외부에서 온 한 명의 여자로 언급되고 있다). 키움과 졸졸로니에게는 두 명의 아들이 있었으며, 그들은 각각 결혼해서 대가족을 거느렸다. 그리고 그들은 직접 다른 도시를 건설하기 위해서 길을 떠났다.

나임라프를 시작으로 이 왕조에는 12명의 왕이 있었다. 마지막 왕의 이름은 펨펠렉(Fempellec)이었다. 펨펠렉은 초록색의 석상인 얌팔렉을 초트에서 새로운 장소로 옮기기로 결정했지만, 그가 이 일을 수행하기 전에 악마(카벨로 발보아가 그렇게 말하고 있다)가 아름다운 여인의 형상을 하고 나타나 그를 유혹했다. 펨펠렉이 이 여자 마법사에게 유혹을 당한 뒤에 비가 좀처럼 내리지 않았던 페루의 한 지역에서 30일 동안 계속해서 비가 내렸다. 이후 1년 동안 가뭄과 기아가 계속되었다. 그해의 끝에 초록색 석상을 지켰던 성직자들은 펨펠렉을 붙잡아 손과 발을 묶어 바다로 집어던졌다. 이렇게 해서 람바이에퀘 계곡의 나임라프 왕조는 막을 내렸다.

　람바이에퀘 계곡에서의 사건들을 자세히 이야기하면서, 카벨로 발보아는 펨펠렉이 죽은 지 '여러 날'이 지난 후에 람바이에퀘 계곡이 해상으로부터 강력한 군대의 침입을 받았다고 전하고 있다. 이 군대의 지도자는 치모르 왕국의 중심지였던 모체 계곡이 그 사람의 기원임을 암시하는 치모 카팍(Chimo Capac, '지도자 치무')이라는 남자였다. 치모 카팍은 람바이에퀘 계곡에 대한 지배권을 장악하고 그 계곡에 퐁마싸(Pongmassa)라는 사람을 지방

두 사람이 타고 있는 뗏목의 형상을 하고 있는 주둥이가 달린 모체산産 그릇

영주(curaca)에 임명했다. 퐁마싸는 자신의 아들, 그리고 나중에는 손자에 의해 계승되었다. 퐁마싸의 손자가 통치하는 동안에 잉카인들이 그 지역을 정복했다. 그 후 람바이에퀘 계곡은 계속해서 잉카인들을 대리해서 그곳을 다스렸던 5명의 지방 영주들을 통해서 잉카의 지배를 받고 있었다. 잉카와 치무의 동맹은 스페인 식민자들이 등장하면서 막을 내렸다.

모체 계곡을 본거지로 했던 또 하나의 북쪽 해안 왕조인 타이카나무(Taycanamu) 왕조에 대해 알아 보자. 나임라프와 치모 카팍처럼 타이카나무는 뗏목을 타고 남쪽에서 모체 계곡에 도착했다. 이 타이카나무의 여러 자손들이 계속해서 그곳을 통치했다. 이 자손들은 민찬사만(Minchançaman)이라는 6번째 혹은 7번째 지배자가 잉카 왕인 토파 유판퀴(Topa Yupanqui)에게 정복당할 때까지, 영토를 팽창해 나가고 있었다. 민찬사만이 쿠스코로 잡혀오고, 모체 계곡은 사실상 잉카의 지배에 굴복했으며 유럽인의 침입이 있을 때까지 그 상태를 계속 유지했다.

잉카 제국이 계속되는 정복과 동맹을 통해 팽창하고 있을 때, 잉카인들은 람바이에퀘 계곡과 모체 계곡처럼 광범위하게 펼쳐져 있는 제국의 구석진 곳들에서 귀족 가문과 왕조의 기원에 대한 많은 전승들과 접촉하게 되었다. 이런 경우에 잉카인들이 직면했던 도전은 지방의 신화적 역사들을 제국의 전승에 통합시키는 것뿐만 아니라 잉카 왕조의 신성함과 중심적 역할을 보존하는 방식으로 이러한 통합을 달성하는 것이었다. 이것은 지방과 지역의 기원 신화들을 지속적으로 재구성하는 작업을 필요로 했는데 이 일은 타후안틴수유의 신화적 역사들을 보존하고 조정하는 일을 책임지고 있던 시인-철학자와 보고자의 주요 임무가 되었다. 잉카인들과 치모르의 지배자들 사이의 조우가 잉카인들의 관점에서 어떻게 해석되었는가에 대해서는 설명이 다양하다. 이러한 설명들 중 하나를 가르실라소의 저작에서 볼 수 있다. 그는 잉카 투팍 유판퀴가 한때 강력한 지배자였던 치무를 향해서 돌격했을 때 일어났던 일에 관해 잉카인들이 어떻게 이야기했는가에 대해서 다음과 같이 말하고 있다.

"이때 자신의 거만함과 자만심을 억누른 용감한 치무가 자신과 같이 공손하고 겸손한 태도를 지녔던 잉카 투팍 유판퀴 왕자 앞에 나타나 땅에 엎드리면서 왕자를 숭배하고 자신의 사절들을 통해서 했던 것과 똑같이 왕자에게 용서를 빌었다. 왕자는 그의 고통을 덜어주기 위해서 애정을 다해 그를 받아들였다. 왕자는 장군 두 명에게 그를 땅에서 일으켜 세우게 했다. 그리고 나서 치무의 말을 듣고 왕자는 지난 일은 모두 용서한다고 말했다……. 잉카인들은 치무의 재산과 권한을 박탈했던 것이 아니라 그의 우상 숭배적인 신앙과 법 그리고 관습의 가치를 높여주기 위해 온 것이었다.'

평민(Hatunruna)들의 신화

이제 눈을 돌려 잉카국 이전에 북쪽 해안에 살았던 사람들의 신화들에서 잉카 제국의 평민들이 간직하고 있었던 신화적 전승들을 검토할 것이다. 쿠스코와 페루 북부 해안의 신화들을 수집

하고 기록하는 경우에서와 마찬가지로 지방의 신화를 수집하고
기록하는 경우에도 이용 가능한 자료는 스페인의 정복 이후에 기
록된 저술들로 이루어져 있다. 그러나 신화에 관해 서술하고 지
방민들의 다양한 종교적 믿음과 관습을 묘사하는 지방의 문헌은
쿠스코와 관련되어 동일한 주제들에 대해 언급하고 있는 문헌보
다 시기적으로 더 늦고 양적으로도 부족하다.

지방의 신화들을 상세히 묘사하는 많은 이야기들은 17세기 초
동안 스페인 식민자들이 '우상 숭배'를 뿌리뽑기 위해서 지방으
로 파견했던 지방의 성직자들로부터 수집된 정보를 통해 전해졌
다. 우상 숭배는 조상의 미이라와 천체에 대한 숭배뿐만 아니라
산의 정상, 샘 그리고 동굴과 같이 거대한 규모의 장엄한 지형들
에 대한 숭배로 나타났다. 나중에 우리는 페루의 중부와 북부 안
데스 산맥에 대해 성직자들이 남긴 기록들을 검토할 것이다. 하
지만 먼저 지방의 신화와 관련해서 가장 완벽하고 통일성을 갖춘
이야기들 가운데 하나를 포함하고 있는 17세기의 주목할 만한 어
느 기록을 조사할 것이다.

후아로치리 지방의 신들과 사람들

이제 우리가 살펴보게 될 자료는 보통 '후아로치리 사본'(Huar
ochirí manuscript)으로 불려지고 있다. 후아로치리 지방은 중부
페루의 서쪽 산맥 끝에 위치한 오늘날의 리마 동쪽에 자리잡고
있다. 케추아어로 쓰여진 《후아로치리 사본》의 제작 연도는 대략

1608년으로 소급해 올라간다. 비록 그 사본을 수집해서 기록하는 일이 지방의 '우상 숭배 근절자' 중 한 명인 프란시스코 데 아빌라(Francisco de Avila)의 지시하에 이루어졌다고는 하지만, 그 사본을 누가 작성했는지는 알 수 없다(아마도 한 원주민에 의해 작성되었던 것 같다). 이 주목할 만한 자료인 《후아로치리 사본》에 기록된 사건들과 행위들에 대한 정당한 평가를 위해서는, 이 자료가 만들어졌던 사회·정치적 환경을 전반적으로 개관하는 것이 필요할 것이다.

후아로치리 지방의 주민들은 주로 야우요(Yauyo)인들의 아일루구성원들로 이루어져 있었다. 야우요인들의 아일루는 상층(Anan) 야우요인과 하층(Lurin) 야우요인의 두 부류로 나누어졌다. 《후아로치리 사본》에 기록된 정보는 하층 야우요인들의 두 하위 집단인 체카(Checa)와 콘차(Concha)의 관점에서 쓰여진 것이다. 막연히 어떤 유형의 사람들을 일반적으로 분류하기 위해서 사용했던 표현인 '야우요인들'은 아마도 남쪽에서 후아로치리 지방으로 이동해 왔던 것으로 보이는 목자牧者들로서 이 지역에 늦게 등장했던 것으로 생각된다. 침입해 들어온 야우요인 목자들은 저지대의 원주민이었던 농업 종사자들과는 반대편의 후아로치리 지방에 자리잡았다. 하지만 사실 후아로치리 지방의 토착 농부들은 야우요인 혈통을 갖고 있었던 것으로 보인다. 즉 농업 종사자들이 먼 과거에 이 지역으로 이주해 와서 동화되었으며, 그 후 나중에 이 지역으로 이주해 온 동일한 야우요인의 혈통을 지녔던 목자들에게 세력을 빼앗겼던 것이다.

후알랄로 카르후인초(Huallallo Carhuincho)는 토착의 야우요인들이 숭배했던 주요 신이었다. 후알랄로는 식인食人에 탐닉해 있었으며 불을 토해내는 무시무시한 화산신火山神이었다. 예를 들어서 그는 하층 야우요인들의 모든 가정은 두 명의 자녀만 가져야 하며, 그들 중 한 명은 자신의 먹이로 바쳐야 한다고 명령했다. 후알랄로가 아무런 도전도 받지 않은 채 지배했던 태곳적에는 고지대의 기후가 해변의 저지대들(Yungas)만큼 좋았다. 즉 그 당시에 해변의 저지대들처럼 후아로치리 지방은 따뜻했으며, 땅에는 거대한 뱀들과 일종의 열대 지방 새인 토우칸스(toucans) 그리고 나중에 그 해변과 관련된 온갖 종류의 동물들로 가득 차 있었다. 야우요인 침입자들의 주요 신은 파리아카카(Pariacaca) 였다. 《후아로치리 사본》에서 높은 산 정상을 가리키는 명칭이었던 '파리아카카'는 문화 영웅(역자 주: 어떤 문화 집단의 이상을 구현하는, 또는 문자 생활 수단을 주었다고 생각되는 전설상의 인물)의 화신 또는 보호자 신으로 그 지역을 돌아다닌 후아카(huaca, 성스러운 물건 또는 장소)로 그려지고 있다.

《후아로치리 사본》에 묘사된 세계의 기원들에 대한 신화적 이야기에 따르면 후알랄로 카르후인초가 일정 기간 동안 지배권을 유지했다. 그 후 파리아카카가 다섯 개의 알의 형태로 산 정상에서 태어났다. 그 알은 다섯 마리의 매가 되었으며 결국에는 다섯 명의 남자로 변했다. 이들은 《후아로치리 사본》의 저자(들)에 의하면 당시 그 근처에서 살았던 야우요인 목자들의 주요 가문들과 의식을 행하는 집단들의 조상이었다. 유력한 산신 파리아카카는 후아로치리 지역에서의 패권 장악을 위해 후알랄로에게 도전했다. 파리아카카는 자신이 후알랄로와 맞서 싸워서 그를 몰아낼 것이라고 예언했다. 파리아카카가 물을 갖고 싸우겠다고 말했던 반면에, 후알랄로는 불을 갖고 싸우겠다고 맹세했다. 그들의 싸움은 후아로치리 사본에서 다음과 같이 묘사되고 있다.

"파리아카카는 그가 다섯 명의 남자였던 대로 다섯 방향에서 비를 내리기 시작했다. 그 비는 노랗고 빨간 색의 비였다. 그리고 나서 번개가 번쩍이면서 다섯 방향에서 불이 타오르기 시작했다. 아침 일찍부터 해가 질 때까지 후알랄로는 거의 하늘까지 다다르면서 결코 자신조차 끌 수 없을 정도로 거대한 불의 형태로 타올랐다. 그리고 파리아카카가 내린 비는 엄청난 양의 물이 되어 아래쪽에 있는 우라 카차(Ura Cacha) 호수로 돌진해 들어왔다. 그 물이 호수에 채워질 수 없을 정도로 많았기 때문에, 라크사 추라파(Llacsa Churapa)라 불리는 파리아카카의 다섯 개의 자아 중 하나가 산 하나를 뒤집어 엎어서 넘쳐나는 물을 막을 수 있는 둑을 만들었다. 그가 물을 둑 안에 가두자마자 호수가 되었다……. 물이 호수를 가득 채웠을 때, 그 물은 타고 있는 불을 물 속에 거의 가라앉혔다. 그리고 파리아카카는 후알랄로에게 계속해서 번개를 쳐 그가 결코 쉬지 못하도록 했다. 마침내 후알랄로는 저지대인 안티스(Antis, 즉 Antisuyu)로 도망쳤다."

그 다음에 파리아카카는 후알랄로와 동맹 관계에 있었던 마나 남카(Mana Namca)라는 여자 악마 후아카(huaca)와 맞서 싸웠다. 파리아카카는 후알랄로의 경우와 마찬가지로 마나 남카를 쳐부수어 서쪽의 바다로 몰아냈다. 그리고 나서 그는 자신에 대한 숭배 의식을 확립하는 일에 착수했다. 이러한 과정에서 파리아카카에 대한 숭배 의식의 주요 지지자들이었던 침입자 야우요인들이 농업에 종사하고 있던 토착민들과 그들의 신 후알랄로를 쫓아내는 일련의 사건들이 발생했다.

《후아로치리 사본》에서는 티티카카 호수에서 유래된 기원 신화에 등장했던 창조자 신과 똑같이 '비라코차'로 불렸던 한 신의 존재를 증언하고 있다. 《후아로치리 사본》의 편집자들은 코니라야 비라코차(Coniraya Viracocha)로 알려졌던 이 비라코차가 후알랄로의 시대 이전에 살았는지 아니면 그 이후에 살았는지 모른다고 했다. 하지만 후알랄로의 시대 이전이었건 아니면 그 이후였건 언제든지 코니라야 비라코차는 창조자 신이었다. 그는 촌락을 만들었으며, 단지 말[語]만으로 농경지와 주택지가 생기게 했다. 또한 그는 관개 운하들을 만들어내기도 했으며, 수로를 만들기 위해 푸푸나(pupuna)라는 일종의 갈대 꽃을 떨어뜨려 운하를 건설했다.

코니라야 비라코차는 찢어지고 너덜너덜하게 헤진 옷을 입고 친구가 없이 방랑하는 거지처럼 돌아다녔다. 그를 알아보지 못했던 사람들은 그에게 모욕적인 말을 던졌다. 이때 카빌라카(Cavillaca)라는 한 아름다운 여자 후아카가 있었다. 그녀는 처녀였으며, 코니라야는 그녀와 잠자리를 같이하고 싶어 애태웠다. 그러나 아름다운 카빌라카는 그와 전혀 관계를 맺고 싶어하지 않았다. 어느 날 카빌라카는 루쿠마(lúcuma) 나무 아래에서 베를 짜고 있었다. 루쿠마 나무는 노란색의 오렌지 과육 열매를 맺는 해안가에서 흔히 볼 수 있는 일종의 상록수이다. 코니라야 비라코차는 새로 변해서 루쿠마 나무로 날아갔다. 그는 자신의 정액을 익은 열매 속에 집어 넣어 그것을 카빌라카 옆에 떨어뜨렸다. 카빌라카는 그 루쿠마 나무 열매를 먹고 임신했으며, 임신한 지 9개월 후에 아버지가 누구인지 알 수 없는 한 사내아이를 낳았다.

그 사내아이가 한 살이 되었을 때, 카빌라카는 누가 그녀를 임신시켰는가를 알아내려고 결심했다. 따라서 그녀는 모든 빌카(vilca)와 후아카, 즉 강력한 남성 신들과 산들 그리고 그 밖의 신성한 장소들을 불러모았다. 빌카와 후아카는 모두 가장 멋진 옷을 입고 나타나서, 각자 흥분조로 "그건 나야! 그녀가 사랑할 대상은 바로 나야!"라고 말했다. 코니라야 비라코차도 그 자리에 모습을 나타냈지만, 그는 너덜너덜하게 헤진 옷을 입고 등장했다. 빌카와 후아카가 모두 자리를 잡고 앉았을 때, 카빌라카는 그들 중 누가 아이의 아버지인가를 물어 보았다. 아무도 대답이 없자 카빌라카는 아이가 아버지에게 기어갈 것이라고 말하면서 아이를 땅에 내려놓았다. 그 아이는 앉아 있는 빌카와 후아카들을 지나쳐서 마침내 코니라야 비라코차 앞에 이르렀다. 그때 아이의 표정이 밝아지면서 아버지의 무릎 위로 기어 올라갔다.

카빌라카는 이 한바탕의 사건에 격노하게 되었다. 어떻게 자신이 이러한 거지 녀석의 아이를 낳을 수 있었단 말인가? 몹시 화가 난 그녀는 아이를 잡아 채서 바다를 향해 똑바로 나아갔다. 그녀는 오늘날 리마의 남쪽 중부 해안에 위치했던 위대한 순례의 중심지이자 신탁소인 파차카막 유적 근처의 바다 속으로 사라졌다. 그곳에서 카빌라카와 그녀의 아들은 돌로 변했다. 돌로 변한 그들의 모습은 오늘날에도 여전히 파차카막의 유적 근처 해변에서 볼 수 있다. 코니라야 비라코차는 몹시 괴로워하면서 그들을 찾아나서기로 결심했다. 그는 해변 쪽으로 급히 가서 만나는 모든 사람들에게 카빌라카가 지나가는 것을 보았는지 물어보았다.

코니라야는 여행 도중에 일단의 동물들과 새들, 즉 콘돌, 스컹크, 퓨마, 여우, 매 그리고 잉꼬와 마주쳤다. 그는 그들에게 카빌라카에 대해서 번갈아 물어 보았다. 코니라야는 그들의 대답—즉, 그것이 그에게 좋은 소식이냐 나쁜 소식이냐—에 따라서, 그들에게 적합한 운명을 부여했다. 예를 들어서 콘돌에게 카빌라카에 대해 물었을 때, 콘돌은 그녀가 근처에 있으며 코니라야가 분명히 그녀를 곧 찾게 될 것이라고 말했다. 코니라야는 콘돌에게 오래 살게 될 것이고, 항상 많은 음식을 먹게 될 것이며, 산비탈에서 죽은 동물들을 먹게 될 것이며 그리고 만약 누군가가 그(콘돌)를 죽인다면, 그 사람도 마찬가지로 죽게 될 것이라고 말했다. 그러나 코니라야가 스컹크에게 카빌라카를 본 적이 있는지 물어 보았을 때, 스컹크는 카빌라카가 멀리 떠나 버렸기 때문에 코니라야가 결코 그녀를 찾지 못할 것이라고 말했다. 그러자 코니라야는 스컹크에게 다시는 낮에 돌아다니지 못하게 될 것이고, 항상 밤중에 악취를 풍기면서 돌아다니게 될 것이며, 사람들이 그(스컹크)에게 넌더리를 낼 것이라고 말했다. 이렇게 해서 코니라야 비라코차는 마치 티티카카 호수를 중심으로 한 신화에서 콘티키 비라코차가 에콰도르 해안까지 계속되었던 창조 여행 동안 했던 일처럼 동물들의 이름을 지어주고 그들에게 알맞은 습관과 특징을 부여하는 창조 작업을 완수했다.

코니라야가 해변에 도착했을 때, 그는 파차카막의 유적으로 갔

잉카의 태양 사원을 배경으로 한 파차카막의 피라미드 건조물

다. 그곳에서 그는 파차카막의 두 딸이 뱀의 보호를 받고 있던 장소로 왔다. 두 딸의 어머니인 우르파이 후아착(Urpay Huachac) 은 당시에 그곳에 없었다. 코니라야는 먼저 언니를 유혹했고, 나중에 동생 또한 유혹하려고 애썼다. 그러나 코니라야의 유혹이 성공하기 전에 동생은 비둘기로 변해서 멀리 날아가 버렸다. 그

당시에 바다에는 물고기가 한 마리도 없었다. 있는 것이라곤 우
르파이 후아착이 파차카막 유적 근처의 작은 연못에서 기르는 물
고기들뿐이었다. 화가 난 코니라야 비라코차는 물고기를 바다 속
으로 흩뿌려 놓았으며, 그 이후로 바다는 물고기로 가득 차게
되었다.

코니라야 비라코차는 카빌라카와 아들을 찾지 못했다. 대신에 《후아로치리 사본》에서는 코니라야 비라코차가 "오랜 기간 동안 지방의 수많은 후아카와 사람들을 속여 가면서" 해안을 따라 여행했다고 전하고 있다. 해안에서 코니라야 비라코차가 이루어놓았던 일들이 안데스 산맥의 고지대에 살았던 사람들에 의해 전해졌고, 이 이야기가 다시 《후아로치리》 사본에 옮겨진 것이다. 해안과 고지대 두 세계 사이의 이러한 신화적 연결을 통해 서로 다른 이 두 지역의 사람들과 자원들 사이에서 밀접한 관계를 확인할 수 있다. 이러한 관계에 대해서는 보다 직접적인 조사가 이루어져야 할 것이다.

비라코차와 파차카막

콜럼버스 이전 시대와 계속되는 초기 식민시대에서 신화가 담당했던 본질적인 부분은 해안과 고지대 두 세계 사이의 차이점과 연관성을 탐구하고 설명하는 것이었다. 이러한 탐구가 신화 속에서 반영되는 방식들 중 하나는 비라코차나 파차카막 같은 창조자 신들의 정체와 관련된 부분이다. 신화 속에서 이들 두 신은 보기에 따라서는 정면으로 마주보는 회전 거울과도 같다. 그들은 어느 순간에는 별개의 분리된 존재로, 하지만 다른 순간에는 동일한 존재인 것처럼 보인다. 사실 비라코차와 파차카막 사이의 관계는 《후아로치리 사본》에서 보다 복잡하게 전개된다. 왜냐하면 이 지역—한쪽에는 남부 중앙 고지대의 잉카인이 살고 다른 한쪽에는 해안의 융가인과 다른 종족들이 살고 있는 그 중간 지역—의 사람들은 고지대나 해안의 대립적 관계에 있어서 비라코차와 파차카막을 태양신과 파차카막으로 대신하여 해석하기 때문이다. 즉 《후아로치리 사본》에서는 후아로치리인들의 견해를 다음과 같은 식으로 인용하고 있다. 즉 "고지대에서는 잉카인들이 '우리를 잉카인으로 만들어 주셨던 것은 그분이다'고 말하면서 태양신을 티티카카 호수에서 숭배했다. 그리고 저지대에서는 잉카인들이 '우리를 잉카인으로 만들어 주셨던 것은 그분이다'고 말하면서 파차카막을 숭배했다."

《후아로치리 사본》에 대한 해석에서 살로몬(Salomon)은 이 《사본》이 고지대의 창조자인 태양신과 해안의 창조자인 파차카막을 연결하고 있다고 주장했다. 이러한 연결 관계에서 생략되었던 것은—비록 그것이 '티티카카'에 대한 상기의 언급에서 환기된다고 할지라도—고지대의 창조자 신 비라코차 파차야치아칙(Viracocha Pachayachiachic)이었다. 서로 다르지만 분명히 상호 보완적이었던 창조자 신들에 대한 이러한 모순된 언급들이 식민 시대로부터 오늘날에 이르기까지 엄청난 혼동의 원인으로 자리잡고 있었다. 창조자는 제국의 여러 지역에서 서로 다른 이름들로 불려졌던 것으로 보이지만, 다른 한편에서는 일련의 유사한 핵심적 특징들을 갖고 여러 장소에서 비슷한 창조적인 일들을 수행했던 것 같다. 창조자에게서 발견되는 일련의 유사한 특징들로 창조자는 거지처럼 옷을 입고, 이러한 상태에 있는 그를 공격하는 사람들을 벌주고, 왕국의 동물들과 새들에게 이름과 대표적인 특징을 부여해 주었으며, 인류를 창조하고 파괴한 뒤 재창조했다.

우리는 우선 파차카막에게 관심을 기울여야 한다. 왜냐하면 아직까지 안데스 산맥의 창조자 신이었던 파차카막에 대해서는 창조자에게서 발견되는 일련의 특징들이 상세하게 탐구되지 않았기 때문이다.

앞서 언급했던 것처럼 '파차카막'이라는 이름은 특히 리마에서 남쪽으로 몇 킬로미터 떨어지지 않은 페루의 중부 해안에 위치한 순례지와 관련이 있었다. 그곳은 아마도 중기 수평기 초에는 중요한 신탁소였던 것으로 보이며, 잉카 제국에 편입되기 전까지는 이르마(Irma) 또는 일마(Illma)로 알려져 있었던 것 같다. 잉카인들이 중부 해안을 정복했을 때 파차카막을 장악했지만, 그곳을 계속해서 신탁소와 순례지로 존속시켰다. 게다가 잉카인들은 그곳에 거대한 태양신의 사원을 세웠다.

안토니오 데 라 카란차(Antonio de la Calancha)는 태양신과 파차카막이 친밀한 관계로 그려지고 있는 파차카막 신에 관한 주요 신화들 중 하나를 전하고 있다. 실제로 파차카막은 이 신화에서 '태양신의 아들'로 소개되고 있으며, 따라서 해안의 신이었던 파차카막이 고지대의 신과 비교해 종속적인 위치에 놓여지고 있다. 그 신화는 다음과 같다.

태초에 파차카막이 최초의 남자와 여자인 한 쌍의 인간을 창조했다. 그러나 그들에게는 먹을 것이 전혀 없어서 남자가 곧 죽었다. 여자가 태양신에게 도움을 요청하자, 태양신은 자신의 광선으로 그녀를 임신시켰다. 여자는 불과 4일 만에 사내아이를 낳았다. 이때 질투심을 갖고 격노했던 파차카막이 그 사내아이를 죽이고 몸을 갈기갈기 찢어 버렸다. 그리고 나서 파차카막은 사내

아이의 찢긴 몸을 먹을 것이 부족한 땅에 제공했다. 파차카막이 뿌린 사내아이 시체의 이빨에서 싹이 돋아나기 시작했다. 파차카막이 갈빗대와 뼈를 심자 열대식물인 유카(yucca)의 싹이 텄고 살을 심자 오이와 같은 채소들과 과일 나무들이 생겨났다.

그런 일이 있은 후 태양신은 그 시체의 음경과 배꼽을 떼어내서 혼자 힘으로 또 한 명의 아들을 창조했다. 그 아이에게는 비차마(Vichama) 또는 빌라마(Villama)라는 이름이 주어졌다. 아버지인 태양신처럼 여행하기를 원했던 비차마는 여행길에 나섰다. 비차마가 여행길에 나섰을 때, 파차카막은 그가 앞서 창조했던 바로 그 여자를 죽였다. 사실 비차마가 일종의 '무성 생식' 과정을 통해 그 여자의 첫번째 아들의 음경과 배꼽으로 만들어졌던 것에서 알 수 있듯이 파차카막이 죽였던 여자는 바로 비차마의 어머니였다. 파차카막은 그 여자의 유해를 독수리와 콘돌에게 먹이로 주었다.

그리고 나서 파차카막은 또 다시 새로운 한 쌍의 인간을 창조했으며, 땅에 사람들을 거주시켰다. 또한 그는 유력자(curaca)들로 하여금 사람들을 다스리게 했다. 비차마가 여행에서 돌아왔을 때, 그는 어머니의 찢긴 유해를 다시 모아서 생명의 기운을 불어넣어서 살아나게 했다. 비차마의 어머니를 죽였던 파차카막은 보복을 두려워한 나머지 도망가서 비차마/파차카막 사원 앞에 있었던 바다 속으로 뛰어들었다. 비차마는 파차카막이 그 동안 창조했던 사람들을 돌로 변하게 했다. 나중에 그는 자신의 이런 행동을 후회하고 전에 쿠라카였던 돌들을 후아카로 바꾸었다.

비차마는 이제 아버지인 태양신에게 새로운 인류를 창조해 달라고 부탁했다. 태양이 금색과 은색 그리고 동색으로 된 세 개의 알을 내려 보냈다. 금색의 알에서 쿠라카와 귀족들이 나왔고, 은색의 알에서는 여자들이 나왔으며, 동색의 알에서는 평민들과 그들의 가족이 나왔다. 카란차는 중부와 남부 해안을 따라 위치했던 지역에 파차카막이 네 개의 별을 내려보냈다고 전하고 있다. 별들 중 두 개는 남자였고 두 개는 여자였다. 첫번째로 왕들과 귀족들이, 그리고 두 번째로 평민들이 나왔다.

이 신화에서 파차카막과 태양신을 연관시켰던 것은 당연하게도 고지대 잉카인의 관점을 반영하여 지방의 신화들을 재가공하는 과정에서 이루어졌을 것이다. 이 경우에 태양신은 잉카인들의 대리자를 의미했다.

일찍이 주목했던 것처럼 위에서 자세히 이야기된 파차카막과 태양신의 신화는 안토니오 데 라 카란차가 1638년에 쓴 연대기에 기록되어 있다. 대략 그와 거의 동일한 시기에 파차카막의 유적 동쪽 고지대에서 토착민들의 우상 숭배를 조사하는 중대한 작업이 진행되고 있었던 것 같다.

우상 숭배 그리고 콜럼버스 시대 이전의 신앙과 관습의 존속

여러 교단의 카톨릭 성직자들에 의한 토착 안데스인들의 개종은 1530년대와 1540년대의 최초 정복기 동안에 시작되었으며, 강력하게 그리고 지속적으로 진행되었다. 그럼에도 불구하고 성직자들이 안데스 산맥의 외딴 지역들로 들어갔던 16세기 말경과

17세기 초에 이들 산악 지역의 원주민들이 태양과 달 그리고 별뿐만 아니라 산과 '이교도' 창조자 신들 그리고 조상의 미이라에 대한 숭배를 계속하고 있었다는 사실이 성직자들로부터 발견되었다.

 이러한 발견은 스페인 성직자들에게는 대단히 중요한 일이었다. 왜냐하면 이러한 발견은 스페인 성직자들에게 그들이 원주민 신들과의 전쟁에서 패배할지도 모른다는 것을 암시했기 때문이다. 원주민들의 우상과 '마녀들' 그리고 정령들에 대한 숭배를 뿌리뽑기 위해서는 보다 철저하고 합치된 노력들이 요구되었다. 따라서 우상 숭배의 관습에 격렬하게 반대하는 운동들이 1610년

고발된 우상 숭배자의 체포를 지시하고 있는 성직자 크리스토발 데 알보르노즈(Cristobal de Albornoz)

에서 1690년 사이에 여러 차례 일어났다. 그 과정에서 지방 유력자들의 지원을 받은 카톨릭 성직자들은 원주민들에게 그들이 숭배했던 물건들이나 신들, 질병을 치료하고 미래를 예언하는 방식들, 그리고 그 밖의 '이단적인' 신앙과 관습들에 대해서 꼼꼼하게 질문했다. 이러한 우상 숭배에 대한 반대 운동에 따라 작성된 기록들은 이돌라트리아스(idolatrías)라는 이름으로 알려져 있다.

우상 숭배 반대 운동에 따라 작성된 기록들은 종교적 믿음과 관습들을 포함해서 이 시기 안데스 사회의 일상 생활에 대해 어떤 것과도 비교할 수 없는 중요한 정보의 출처가 되고 있다. 더욱이 이 기록들은 잉카인들의 우주 창조 신화와 잉카국 신화의 맥락을 파악하고 해석할 수 있는 배경과 기초를 제공한다.

우상 숭배

거의 4세기가 지나서 밝혀진 우상 숭배에 대한 기록들 가운데 가장 두드러진 사실은 한 집단에 살고 있는 사람들과 그들 주변의 환경을 감싸고 있는 다수의 신성한 물체들 및 영적인 실체들 사이의 긴밀한 관계였다. 이와 관련하여 특별히 상세한 일련의 이야기들이 카자탐보(Cajatambo) 시 주변의 중부 페루 고지대들에서 유래하고 있다. 이 기간 동안에 안데스 산맥의 다른 많은 지역의 사람들처럼 이 지역의 사람들 또한 수많은 아일루로 나누어져 있었다. 카자탐보에서 개개의 아일루는 이 지역에 거주하고 있었던 것으로 보이는 서로 다른 두 '유형'의 종족들——구아리

(Guari)인과 라쿠아스(Llacuaz)인—로 통합되었다. 이들 두 유형의 종족들이 지니고 있었던 특징들과 그들 사이의 관계는 앞서 언급한 바 있는 후아로치리 지역의 농업 종사자들과 목자들 사이의 그것과 유사했다.

카자탐보의 구아리인들은 저지대 또는 계곡에 거주하고 있었던 원주민들로서 그 지역에 있는 기존의 도시들을 세웠다. 구아리인들의 보호자 신은 동굴과 관련된 거인 신으로 문헌에서 '후아리(Huari)'로 표시되고 있다. 또한 구아리인들은 밤의 해를 숭배했다. 밤의 해는 지하 세계의 통과시 일몰에서 일출 때까지 습기찬 통로를 따라 이동했다. 구아리인들의 조상은 먼 옛날에 서쪽 바다에서 또는 티티카카 호수에서 이곳으로 왔다고 전해졌다. 구아리인들은 원래 옥수수 밭의 추수를 관장하는 것으로 여겨진 카노파(canopa)라는 신성한 부적을 숭배했던 옥수수 재배자들이었다.

카자탐보 지역의 사회적 분할에서 한 축을 차지했던 다른 종족은 라쿠아스인들이었다. 그들은 감자 재배 및 라마와 알파카의 방목을 경제의 근간으로 하고 있었던 푸나(puna) 또는 고지대에 거주하는 사람들이었다. 라쿠아스인들의 주요 신은 원래 번개와 천둥의 신이었던 '리비악(Llibiac)'이었다. 라쿠아스인들은 또한 일출에서 일몰 때까지 머리 위로 지나갔던 낮의 해와 별들을 숭배했다. 라쿠아스인들은 그다지 멀지 않은 과거의 어느 시점에 카자탐보 지역에 와서 구아리인들을 정복했던 이주민들이었다.

카자탐보 지역의 의식儀式 생활은 라쿠아스인이 구아리인을 정복한 것뿐만 아니라 그것에 뒤이어 체결된 두 집단 사이의 동맹을 기념한 것이었다. 동맹을 구성한 두 집단은 각각 상대 집단의 일정한 의식과 의례를 채택했다. 의식은 상호간에 우호적으로 거행되었다. 즉 구아리인은 라쿠아스인을 위한 의식을 그리고 라쿠아스인은 구아리인을 위한 의식을 거행했다. 또한 두 집단은 공동으로 일정한 의식과 축제를 벌였으며, 신성한 물건들은 물론이고 제물로 바쳐졌던 희생자(capacocha)들의 매장지들을 공동으로 숭배했다. 이들 희생자는 지방민들과 잉카인들 사이의 유대를 입증하는 것이었다. 또 잉카인들은 구아리인들과 라쿠아스인들에 의해 땅의 주인으로 섬김을 받았다.

구아리인과 라쿠아스인들 각각의 아일루는 산의 정상, 샘 그리고 동굴과 같은 주변 지역들의 성소(huaca)들과 특별한 유대를 맺었다. 성소들은 그것들을 숭배했던 개개 종족의 삶과 운명에 영향을 미쳤던 것으로 여겨졌다. 최고의 성소는 높은 산들이었다. 높은 산들은 각각의 이름과 영혼 그리고 그 지역의 다른 산들과 특별한 혈족 관계에 있었다. 게다가 후안카(huanca)라고 불리는 특별히 커다랗고 눈에 잘 띄었던 둥근 돌들은 모두 다 신성한 것으로 간주되었으며, 하나 또는 그 이상의 지방 아일루들의 조상을 의미하거나 그렇지 아니면 거기에 조상의 정령이 깃들여있었던 것으로 여겨졌다.

카자탐보 지역 내 아일루들의 신화적 전승들은 대체로 어떻게 아일루 조상들의 영적인 실체가 주변의 산과 바위가 많이 있는 곳 그리고 그 밖에 눈에 띄는 주변 환경들 속으로 숨겨지게 되었는가를 자세히 이야기하고 있다. 또한 이러한 신성한 장소들과 실체들이 어떻게 먼 과거에 서로 영향을 미쳤는가를 이야기하고 있다. 카자탐보 지역의 정착민들에게 있어서 의식적儀式的으로 그리고 신화적으로 중요했던 또 하나의 지리적 특징은 마차이 (machay)라 불렸던 산기슭에 점점이 흩어져 있었던 수많은 동굴의 존재였다. 앞서 보아왔듯이 동굴은 잉카 제국 최초의 왕의 기원에 관해 이야기하는 잉카 신화에서 특별히 중요한 의미를 가졌다. 카자탐보에서 동굴은 구아리인과 라쿠아스인의 개개 아일루의 조상들이 유래했던 장소였을 뿐만 아니라 죽은 아일루 구성원들의 미이라(malqui)를 보관했던 곳이기도 했다.

동굴에서 보관되었던 조상들의 미이라 숫자는 놀랄 정도로 많았다. 예를 들어서 1656-8년으로 거슬러 올라가는 어느 우상 숭배 보고서에 따르면 동굴들 또는 산 페드로 데 하카스(San Pedro de Hacas) 지역 주변의 버려진 도시들에서 발견된 조상들의 미이라 숫자는 야나퀴(Yanaqui)에 214개, 퀴르카(Quirca)에 471개, 아일루 카람파(Ayllu Carampa)에 738개 그리고 아일루 피코카(Ayllu Picoca)에 402개였다. 조상들의 미이라는 각 도시의 주민들에 의해 숭배되었다. 미이라들에게는 매년 일정한 시기에 새 옷이 입혀졌으며, 먹을 것과 마실 것으로 된 제물이 재배의 계절과 수확의 계절에 바쳐졌다.

따라서 우상 숭배에 관한 보고서들에 기록된 정보를 통해서 우리는 스페인의 정복이 있은 지 한 세기 또는 두 세기가 지난 이후에도 여전히 안데스 지역에 살았던 사람들이 어떻게 과거와 현재, 산 자와 죽은 자, 그리고 땅과 그곳에 살았던 사람들을 서로 연결된 연속적이며 완전히 상보적인 존재로 보는 것이 가능할 수 있었는가를 알 수 있다. 17세기 카자탐보 지역 사람들이 믿고 있었던 저지대 사람들과 고지대 사람들, 토착민들과 이주민들, 정복자들과 피정복자들, 옥수수 재배자들과 감자 재배자들(그리고 목자들) 그리고 태양과 달 사이의 상보적인 대립은 잉카 제국 최초의 연대기들에서 묘사되었던 것과 완전히 일치했다.

　제국의 아일루들과 종족들 사이의 관계의 본질을 보여주는 여러 신화들에서 우리는 그들의 종교적·이념적 기초를 형성했던 믿음들을 확인할 수 있었고, 이러한 믿음들은 계속해서 식민시대 대부분의 기간 동안 안데스인들의 신화적 전승에서도 찾아볼 수 있던 것이었다. 그러나 스페인 식민시대 이전과 식민시대 동안의 믿음 사이에 있는 유사성을 넘어서 두 시대를 연결해 주는 전승들 또한 존재했다. 이러한 전승들은 잉카인의 죽음을 이야기하고 부활을 예언하는 신화들에 의해 안데스 산맥 도처에 자리잡고 있었던 여러 지방에서 자세히 이야기되었고, 지금까지도 계속해서 이야기되어지고 있다.

5장 과거의 잉카인과 현재의 안데스인

죽은 다음 부활하는 잉카 왕
오늘날의 잉카인의 기원 장소

5장 과거의 잉카인과 현재의 안데스인

안데스 사회에 대한 인종학적 연구들은 2차 세계대전이 막을 내린 이후에야 비로소 본격적으로 시작되었다. 1950년대 말경에 수많은 인류학자들이 안데스 산맥 도처에서 케추아어와 아이마라(Aymara)어를 말하는 사람들로부터 일단의 신화와 전설을 수집했다. 여기에서는 안데스 세계에 오랜 기간 동안 지속되어 온 잉카인의 이미지와 외적 인격의 중요성에 대해 그리고 신화의 효용에 대해 생각하게 해 줄 두 개의 신화적 전승이 특별히 언급되어야 할 것 같다. 이러한 전승들 가운데 하나는 소위 '죽은 다음 부활하는 잉카 왕'이라는 주제의 일부 신화들과 관계가 있다. 안데스 산맥 도처의 사회에서 공유되고 있듯이, 이러한 신화들은 잉카 시대의 기원 장소로서 티티카카 호수와 범안데스의 통합에 대한 하나의 근거를 제공한다. 다음에서 간략하게 이야기될 신화에서는 대단히 흥미롭게도 제1대 잉카 왕 만코 카팍의 기원 도시였던 파카리탐보에서 기원 신화들이 어떻게 이용되었는가가 재차 검토될 것이다.

죽은 다음 부활하는 잉카 왕

오늘날 안데스 산맥 도처에서 광범위하게 공유되고 있는 잉카 인들에 관한 수많은 신화들은 잉카 왕의 부활과 천년 왕국의 도 래라는 주제의 주위를 맴돌고 있다. 이들 신화의 중심 인물은 잉 카어와 스페인어 Rey(왕)의 합성어 인카리(Inkarrí)로 불리는 사 람이었다.

인카리의 신화는 장차 안데스 세계에서 17세기 유럽인의 침입 을 받은 이래로 확립되었던, 스페인이 지배하는 세계의 파멸과

아타후알파의 참수

잉카 왕이 최고 지배자로 복권되는 것을 포함하는 대변동을 겪게 될 시기를 예언하고 있다는 점에서 천년 왕국의 도래에 대한 믿음을 나타내고 있다. 여기에서 천년 왕국의 도래에 대한 믿음은 안데스인들에게서 혁명 또는 시간과 공간의 반전이라는, 즉 '파차쿠티'(pachacuti)라는 고래古來의 관념과 완벽하게 조화를 이루는 것이었다. 인카리의 신화에 대한 다양한 해석들이 페루의 위대한 인류학자 호세 마리아 아르구에다스(José María Arguedas)에 의해 남부 페루의 도시인 푸퀴오(Puquio)에서 수집되었다. 이 신화에 대한 해석들 중 하나는 다음과 같다.

"사람들은 인카리가 어느 미개인 여인의 아들이었다고 말한다. 그의 아버지는 태양신이었다고 한다. 그 미개인 여인이 인카리를 낳았고 태양신이 인카리를 낳게 했다. 켈카타(K'ellk'ata) 평원에서는 포도주와 치카(옥수수 맥주) 그리고 아구아르-디엔테(aguar-diente, 사탕수수로 만든 술)가 끓고 있다. 잉카 왕 인카리는 채찍으로 돌을 쳐서 사방에 심부름을 보냈다. 나중에 그는 도시 하나를 세웠다. 사람들은 켈카타가 쿠스코가 되었을 것이라고 말한다……. 인카리는 바람을 가두었다…… 〔그리고〕 그는 시간이 계속되도록, 낮이 계속되도록, 그리고 그가 하지 않으면 안 되었던 것을 할 수 있도록 태양신을 묶어 버렸다. 인카리가 바람을 〔오스콘타(Osk' onta)〕 산에 묶었을 때, 그는 거대한 오스콘타 산의 정상에서 '쿠스코가 적당할까?'라고 말하면서 황금 지팡이를 집어던졌다. 황금 지팡이는 켈카타 평원에는 어울리지 않았다. 쿠스코가 황금 지팡이가 있는 곳으로 옮겨졌다. 그곳은 얼마나 멀리 떨어져 있을까? 우리 세대는 알지 못한다. 아타후알파(Atahualpa) 이전의 구세대는 그것을 알았다. 스페인 식민시대의 잉카 왕 아타후알파가 자신과 동년배인 인카리를 감금했다. 인카리를 어디에 감금했는지 알 길이 없다. 인카리에게 남아 있었던 것은 머리가 전부였다고 말한다. 그 머리로부터 몸이 안으로 자라기 시작해서 발 쪽으로 자라났다고 한다. 인카리는 자신의 몸이 완전한 모습을 갖추게 되면 되돌아올 것이다. 그는 지금까지 돌아오지 않았다. 신이 돌아오기에 적당한 시기라고 인정한다면, 그는 돌아와야 한다. 그러나 신이 그가 돌아와야 한다고 결정하고 싶어하는지는 알 수가 없다."

푸퀴오와 안데스 산맥의 다른 수많은 도시와 촌락에서 회자되었던 것처럼 인카리 신화의 기원은 스페인의 정복 이후에 대략 40년 동안 발생했던 사건들로 거슬러 올라갈 수 있을 것 같다. 그 중 하나는 카자마르카에서 잉카 군대가 패배한 이후 피사로(Francisco Pizzaro)가 마지막 잉카 지도자인 아타후알파를 참수한 사건이었다. 또 하나의 중요한 사건은 스페인 당국이 원주민 지도자 한 사람을 참수한 일로 이는 원주민들에게 정신적으로 깊은 상처를 남겼다. 이때 희생당한 사람은 1560년대와 1570년대에 스페인에 항거하는 봉기를 이끌었던 투팍 아마루(Tupac Amaru)였다. 투팍 아마루는 1572년에 프란시스코 데 톨레도의 명령에 따라 쿠스코 광장에서 참수형에 처해졌다.

이상의 두 참수 사건에서 잘려진 머리가 감쪽같이 사라져 알 수 없는 곳에 매장되었다는 이야기가 지방 도처에 퍼졌다. 일부 이야기에서는 머리가 리마로 옮겨졌으며, 다른 일부 이야기에 따르면 쿠스코로 옮겨졌다. 두 경우 모두 일단 머리가 땅 속에 묻히자마자, 몸이 다시 자라기 시작했다고 한다. 몸이 다 완성될 때 잉카 왕이 돌아올 것이며 세계는 파차쿠티를 겪게 될 것이다.

오늘날의 잉카인의 기원 장소

잉카 왕 만코 카팍과 그의 형제 자매들의 전설적인 탄생지인 탐보 토코 동굴의 유적이 있는 파카리탐보 시는 옛 잉카의 수도인 쿠스코에서 정남 방향으로 26Km 지점에 위치하고 있다. 1980년대에 2년 이상 인종학적 현지 조사가 이루어지는 동안 이 도시에 살았기 때문에 필자는 이 지역이 페루 역사에서 차지하는 위치상의 중요성에 대한 지방 사람들의 특별한 관심과 자부심을 확인할 수 있었다. 사람들은 계속해서 태초에 잉카인들이 분명히 통과했을 지점으로 여겨지는 주변 환경의 장소들―돌에 새겨진, 라마의 발자국인 것처럼 보이는 바위의 노출부, 둥근 돌의 함몰된 부분 또는 갈라진 산 꼭대기―을 지적하고 있다. 파카리탐보 시에서 1Km 가량 떨어진 곳에 지방 주민들이 탐보 토코의 유적으로 생각하는 조그만 동굴이 있다. 따라서 파카리탐보 시와 동굴 주변의 환경은 잉카인 기원 신화의 현존하는 자취로 볼 수 있다.

사실 잉카인들의 기원 장소로서 파카리탐보가 지녔던 위상은 오늘날 페루 전역에서 사용되고 있는 초등학교 국정 교과서의 어린이용 축약판 기원 신화에서 강조되고 있다. 이러한 공인된 기

오늘날 탐보 토코로 알려져 있는 동굴

원 신화는 파카리탐보 시 주민들에게는 상당한 자부심의 원천이
지만, 파카리탐보를 계속해서 최초의 잉카인들이 유래했던 장소
로 간주함으로써 강조되는 이 지역의 중요성에 더하여 파카리탐
보에서 전해져 내려온 잉카인들의 기원 신화는 때때로 외부인들
에 의해 어느 정도 새로운 방식으로 이용되고 있다. 아마도 가장
인상적인 이용 사례는 과거 페루의 대통령이었던 페르난도 벨라
운데 테리(Fernando Belaúnde Terry)에게서 확인될 수 있을 것
같다.

1964년에 대통령에 선출되자마자 벨라운데 테리는 최초의 잉카
왕이 유래했던 장소와 접촉함으로써 자신의 대통령직에 정통성을
부여받으려는 속셈으로 이해할 수밖에 없는 파카리탐보 방문길에

나섰다. 대통령은 쿠스코에서 헬리콥터를 타고 파카리탐보 시 중앙에 위치한 광장에 도착했다. 그곳에서 그는 바라(vara)라고 불렸던 전설상의 나무 지팡이를 받고 지방 관리들과 악수를 나누었으며, 그 뒤에 헬리콥터로 쿠스코로 되돌아갔다. 그곳에서 그는 리마의 대통령 궁으로 돌아갔다. 오늘날 당시에 그 자리에서 대통령과 악수를 했던 사람들이 그들의 동료들에게 어느 정도 과장해서 대통령의 갑작스러운 방문에 대해 이야기하고 있다.

어쨌건 잉카인들이 살았던 당시에 그들이 진정으로 어떠했는지, 그리고 마지막 잉카 왕의 머리가 오늘날 그 몸에서 다시 자라나고 있건 아니건, 잉카인들에 대한 기억과 이미지는 한때 타후안틴수유 지역에 살았던 사람들에게는 계속해서 엄청난 힘과 의미를 갖고 있다.

참고 문헌

최근에 영어로 출판된 책들 중에는 잉카 제국을 비롯하여 안데스 지역의 고대사에 관한 뛰어난 연구서들이 많다. 여기에는 마이클 모즐리(Michael E. Moseley)의 ≪잉카인과 그들의 조상≫(The Incas and Their Ancestors, London, 1992), 아드리아나 폰 하겐(Adriana von Hagen)과 크레이그 모리스(Craig Morris)의 ≪고대 안데스의 도시들≫(The Cities of the Ancient Andes, London, 1998), 조나단 하스(Jonathan Haas)와 쉴라 포조소키(Sheila Pozorski), 그리고 토마스 포조스키(Thomas Pozorski)의 ≪안데스 국가의 기원과 발전≫(The Origins and Development of Andean State, Cambridge, 1987)가 있다. 잉카 제국 시대에까지 이르는 안데스 역사에 관한 다른 고고학적 연구서로는 리차드 버거(Richard Burger)의 ≪차빈 그리고 안데스 문명의 기원≫(Chavín and Origins of Andean Civilization, London, 1992), 앨런 콜라타(Alan Kolata)의 ≪티와나쿠: 안데스 문명의 초상≫(Tiwanaku: The Portrait of an Andean Civilization, Oxford and

Cambridge MA, 1993), 캐서리나 슈라이버(Katharina J. Schreiber)의 ≪중기 수평기 페루의 와리 제국≫(Wari Imperialism in Middle Horizon Peru, Ann Abor, 1992), 윌리엄 이사벨(Willam H. Isabell)의 ≪미이라와 사자死者의 유물≫(Mummies and Mortuary Monuments, Austin, 1997) 등이 있다.

잉카인과 관련된 고고학 또는 민족 역사학적 연구를 위해서는 브라이언 바우어(Brian S. Bauer)의 ≪잉카국의 발전≫(The Development of the Inca State, Austin, 1992)과 마티 패르시넨(Martti Pärssinen)의 ≪타완틴수유: 잉카 제국과 그 정치 조직≫(Tawanti-nsuyu: The Inca State and Its Political Organization, Helsinki, 1992)을 보라. 하지만 스페인 식민 지배 이전 후기 잉카 시대의 문화에 관한 최고의 요약 가운데 하나는 존 스튜어드(John H. Steward, 편집자)의 ≪남아메리카 인디오에 관한 안내서≫(Handbook of South American Indians, Washington, DC, 1946) 두 번째 권 보고서 번호 183-330에 있는 존 로우(John H. Rowe)의 〈스페인 정복 시대의 잉카 문화〉(Inca culture at the time of the Spanish Conquest)이다. 안데스의 경제에 있어서 국가와 아일루의 관계에 관해서는 존 뮤라(John V. Murra)의 ≪잉카국의 경제 조직≫(The Economic Organization of the Inca State, Greenwich CT, 1980)을 참조하라. 쿠스코의 사회적, 정치적, 종교적 조직의 연구를 위한 기초 자료가 될 수 있는 것으로는 톰 주이드마(R. Tom Zuidema)의 ≪쿠스코의 세크 시스템: 잉카 제국 수도의 사회적 조직≫(The Ceque System of Cusco: The Social Organization of the Capital of the Inca, Leiden,

1964)이 있다.

잉카의 신화와 역사에 대해 썼던 스페인 연대기 작가의 영어 기록들은 거의 없다. 스페인어로 쓰여진 가장 권위 있고 광범위한 기록으로는 라울 포라스 바레네체아(Raúl Porras Barrenechea)의 ≪페루의 연대기 작가≫(Los Cronistas del Perú, Lima, 1986)가 있다. 안데스의 토착민 연대기 작가에 관한 일련의 연구에 관해서는 롤레나 아도르노(Rolena Adorno)가 편찬한 ≪구전口傳에서 문서 자료까지: 초기 식민 시대의 안데스 토착민들의 연대기≫ (From Oral to Written Expression: Native Andean Chronicles of the Early Colonial Period, Syracuse, 1982)를 보라. 또한 독자들은 해럴드 오스본(Harold Osborne)의 ≪남아메리카의 신화≫(South American Mythology, London, 1968)에서 잉카 신화에 관한 다양한 연대기 작가들의 기록을 영어로 참조해볼 수 있을 것이다. 잉카의 신화-역사에 관한 설명에 있어 많은 연대기 작가들의 지적, 신학적 배경을 논한 연구로서 현재까지 최상의 것으로 알려진 책은 사빈 맥코맥(Sabine MacCormack)의 ≪안데스 지역의 종교: 초기 식민 시대 페루의 비전과 상상력≫(Religion in the Andes: Vision and Imagination in Early Colonial Peru, Princeton NJ, 1991)이다.

티티카카 호수와 티후아나코에 초점을 맞춘 우주 기원 신화에 관한 책으로는 베로니카 살레스-리즈(Verónica Salles-Reese)의 ≪비라코차에서 동정녀 코파카바나: 티티카카 호수에서의 신성의 현신≫(From Viracocha to the Virgin of Copacabana: Representation of the Sacred at Lake Titicaca, Austin, 1997),

테레즈 부이세-카사느(Theérèse Bouysse-Cassagne)의 ≪비와
재: 역사 속의 두 개의 파차쿠티≫(Luvias y Cenizas: Dos
Pachacuti en la Historia, La Paz, 1988), 프랭클린 피즈(Franklin
Pease)의 ≪안데스의 창조자 신≫(El Dios Creador Andino,
Lima, 1973)이 있다.

잉카의 기원 신화를 구전하는 데 있어서 식민 시대 파카리탐보
주민들의 역할에 관해서는 게리 어튼(Gary Urton)의 ≪신화의
역사: 파카리탐보 그리고 잉카인의 기원≫(The History of Myth:
Pacaritambo and the Origin of the Inkas, Austin, 1990)을 보
라. 잉카의 기원 신화 그리고 잉카 제국의 수도 쿠스코의 정치
조직과 신화의 관계에 대한 일반적인 연구서로는 톰 주이드마의
≪쿠스코의 잉카 문명≫(Inca Civilization in Cuzco, Austin,
1990)을 참조하라. 쿠스코 지역의 초기 식민사에 특별히 관심을
기울인 스페인의 잉카 정복사로는 존 헤밍(John Hemming)의
≪잉카 정복≫(The Conquest of the Incas, New York and
London, 1970)이 있다.

치무와 또 다른 페루 북부 해안 지역 사회의 신화-역사와 고고
학적 기록들에 관한 뛰어난 자료로는 마리아 로스토로우스키 데
디에즈 칸세코(María Rostworowski de Diez Canseco)와 마이클
모즐리의 ≪북부 왕조: 치모르의 왕권와 외교≫(The Northern
Dynasties: Kingship and Statecraft in Chimor, Washington DC,
1990). 이와 똑같은 주제로는 마리아 로스토로우스키의 ≪스페인
정복 이전의 페루 연안 지대≫(Costa peruana prehispanica,
Lima, 1989)를 보라. '후아로치리 사본'의 훌륭한 번역서로는 프

랭크 살로몬(Frank Salomon)과 조지 우리오스트(George L. Urioste)의 ≪후아로치리 사본≫(Huarochirí Manuscript, Austin, 1991)이 있다. 케네스 밀즈(Kenneth Mills)의 ≪우상 숭배와 그 반대자: 식민 시대 안데스의 종교와 그 근절, 1640-1750≫(Idolatry and Its Enemies: Colonial Andean Religion and Extirpation, 1640-1750, Princeton NJ, 1997)은 우상 숭배 퇴치 과정에 관한 뛰어난 연구서이다. 이외에, 카자탐보 지역에서의 우상 숭배 조사와 재판에 관한 많은 자료들을 피에르 듀비올(Pierre Duviol)의 ≪안데스의 문화와 억압≫(Cultura Andina y Repression: Procesos y vista de idolatrías y hechicerías Cajatambo, Siglo, XVII, Cusco, 1986)에서 찾아볼 수 있을 것이다.

호세 마리아 아르구에다스(José María Arguedas)의 소설 ≪야와르 축제≫(Yawar Fiesta)와 함께 간행된 푸키오(Puquio)의 짧은 글에서는 인카리 신화에 관한 몇 가지 견해와 해석을 찾아볼 수 있다. 인카리 신화에 관한 뛰어난 연구서로는 메르세데스 로페즈-바랄트(Mercedes López-Baralt)의 ≪잉카 왕의 귀환: 안데스 세계의 신화와 예언≫(El Retorno del Inca Rey: Mito y profecía en el mundo Andino, Fuenlabrada, 1987)을 보라. 현대 페루의 유토피아적 이념과 천년 왕국에 대한 이념에 관한 주제는 알베르토 플로레스 갈린도(Alberto Flores Galindo)의 ≪부스칸도, 잉카: 안데스의 정체성과 유토피아≫(Buscand un Inca: Identidad y Utopia en los Andes, Havana, 1985)를 보라.

색 인

ㄱ
가르실라소 드 라 베가
52, 56, 74, 89, 100, 101, 118
구아리 134-137
구아스카르 54
구아이나 카팍 103

ㄴ
나임라프 114-117

ㄹ
라마 16-17, 24, 78, 92, 135, 145
라쿠아스 134, 137
람바이에퀘 계곡 30, 32, 113-117
리마 16-17, 24, 78, 92, 135, 145
리비악 135

ㅁ
마라스 토코 87
마마 남카 122
마마 라우아 88
마마 오클로 88-90, 102
마마 이파쿠라/쿠라 88
마마 후아코 88, 91, 93, 95-96
마우칼라크타 96, 98

마이타 카팍 103, 104
만코 카팍 22, 74, 86, 89-90, 94-104, 141,
145
말퀴 18
모체 30-32, 37-38, 113, 115-116
몰리나, 크리스토발 데 51, 56, 66-67,
72, 92, 95
무루아, 마르틴 데 89, 97
미이라 16, 18, 20, 22, 34, 50, 57, 69,
75, 88, 96, 119, 132, 137
미티마에스 25
민찬사만 117

ㅂ
발레라, 블라스 52
발보아, 카벨로 데 51, 114-116
베누스 22, 107
베탄조스, 후안 데 49-50, 63, 65, 70-
72, 87, 91, 93-94, 96, 108
볼리비아 13, 25, 35, 44, 49, 55, 73-74
비라코차 22, 37, 59, 63-75, 79-80, 87,
101, 103-108, 123-129

ㅅ
사르미엔토 데 감보아, 페드로
51, 86-87, 89, 91-92, 94, 96
수틱 토코 87
신치 로카 90-91, 103-104

ㅇ
아빌라, 프란시스코 데 53, 120
아이마라 44, 75, 144

아이아르 89, 97, 113
아이아르 아우카 88, 96
아이아르 카치 88, 92-93, 96
아이아르 만코 88, 90, 91, 94
아이아르 우추 93-94
아일루 15-18, 22-24, 39, 58-59, 79-80, 90, 136-138
아코스타, 데 호세 51, 52, 56
아타후알파 103, 142-144
야우요 120-122
알보르노즈, 크리스토발 데 133
알카비카 72, 94-96
알파카 78, 99, 135
얌팔렉 113-114
에콰도르 13, 25, 68, 73-74, 125
와리 78
우르코스 72-73
우르파이 후아착 125-126
융가 39, 128
인카리 142-144
잉카 왕 4, 18, 37, 39, 44, 50-51, 55, 59, 69, 72, 89, 102, 117, 141-146

ㅈ
졸졸로니 115

ㅊ
차빈 27-32, 35
찬 찬 37-39
찬카족 104-106
참모 신 28-29, 35-37, 39
창조자 신 22, 29, 37, 69, 75, 79-80, 104, 123, 128-129, 132
천년 왕국 142-143
초트 114-115
치모 카팍 116-117

ㅋ
카나스 55, 70
카란차, 안토니오 데 라 53, 130, 132
카빌라카 123-125, 127
카스트로, 바카 데 53, 98
카자마르카 54, 144
카자탐보 134-137
카차 70-71, 73
카파코차 24
케로 47
케추아어 15, 44, 49, 52, 54-55, 78, 87-88, 119, 141
케테르니 114
코리칸차 20-22, 107
코보, 베르나베 55, 58, 85
콜라 74
콜라수유 20, 73
쿠라카 24, 98, 131
쿠스코 20-24, 45, 49, 50, 52, 54-55, 59, 63, 70-74, 80, 86-87, 90, 92-97, 100-108, 117-119, 143-137
퀴푸 23, 44-46
퀴푸카마요크 44-45
키에자 데 리온, 페드로 데 49, 70
키움 115

ㅌ

타이카나무 117

타후안틴수유 13, 15, 22, 65-67, 73, 117, 147

탐보차카이 93

탐보 토코 86-90, 92-93, 145-146

태양신 107, 129-132, 143

토카이 74

토파 유판퀴 117

톨레도, 프란시스코 데 50-52, 86, 144

투팍 아마루 144

티아후아나코 35-38, 59, 64-66, 74, 105

티티카카 호수 44, 55, 58-59, 63-65, 67-68, 70-74, 89, 96, 100, 105, 123, 125, 129, 135, 141

ㅍ

파나카 22-23, 90

파라카인 33

파리아카카 121-122

파차카막 37, 63, 79-80, 124-126, 128-132

파차쿠티 75-76, 143, 145

파차쿠티 얌퀴, 후안 데 산타크루즈 43, 54-55, 68-69

파차쿠티 잉카 유판퀴 103, 105-107

파카리탐보 59, 85-89, 96-99, 141, 145-146

파크차 56

페루 13-14, 20, 25-27, 29, 32, 34-30, 44-58, 85-86, 103, 105, 113, 115, 118-130, 134, 143, 145-146

펨펠렉 115-116

포마 데 아얄라, 펠리페 구아만 43, 54-55, 69, 78-80, 76-77, 89

폴로 데 온데가르도, 후안 50, 56

퐁마싸 116-117

푸퀴오 143-144

피나후아 74

피사로, 프란시스코 54, 144

ㅎ

하카스, 산 페드로 드 137

후아나카우리 93-94, 96-97, 100

후아로치리 52-53, 119-123, 129, 134

≪후아로치리 사본≫ 53, 119-123, 128-129

후아리 35-38, 105, 135

후아스카르 103

후아이나 카팍 49

후아카 초투나 114-115

후알랄로 카르후인초 120-121

옮긴이 소개

임웅

1981년 고려대학교 사학과 입학.

1997년 고려대학교 사학과 졸업(문학박사, 서양고대사 전공).

역서로는《메소포타미아 신화》(범우사),《세계사의 전설, 거
짓말, 날조된 신화들》(미래 M&B)이 있다. 현재 고려대학교,
강원대학교, 수원대학교에 출강하고 있다.

잉카 신화   값 8,000원

2003년 6월 25일 초판 1쇄 발행

지은이　게　리　　　어　튼
옮긴이　임　　　　　　　웅
펴낸이　윤　　형　　　　두
펴낸데　범　　우　　　　사

등 록 1966. 8. 3. 제 10-39호
121-130 서울시 마포구 구수동 21-1호
전 화 717-2121 · 2122 /FAX 717-0429

* 파본은 교환해 드립니다.   교정 · 편집/조윤정 · 왕지현

ISBN 89-08-04232-6 04900 (인터넷)http://www.bumwoosa.co.kr

ISBN 89-08-04159-1 (세트)   (E-mail) bumwoosa@chollian.net

작가별 작품론을 함께 실어 만든
범우비평판 세계문학선

❶ 토마스 불핀치
1-1 그리스 · 로마 신화 최혁순 값 10,000원
1-2 원탁의 기사 한영환 값 10,000원
1-3 샤를마뉴 황제의 전설 이성규 값 8,000원

❷ 도스토예프스키
2-1.2 죄와 벌 (상) (하) 이철(외대 교수) 각권 9,000원
2-3.4.5 카라마조프의 형제 (상) (중) (하)
　　　　　김학수(전 고려대 교수) 각권 9,000원
2-6.7.8 백치 (상) (중) (하) 박형규 각권 7,000원
2-9.10 ,11 악령 (상) (중) (하) 이철 값 9,000원

❸ W. 셰익스피어
3-1 셰익스피어 4대 비극 이태주(단국대 교수) 값 10,000원
3-2 셰익스피어 4대 희극 이태주 값 10,000원
3-3 셰익스피어 4대 사극 이태주 값 12,000원
3-4 셰익스피어 명언집 이태주 값 10,000원

❹ 토마스 하디
4-1 테스 김회진(서울시립대 교수) 값 10,000원

❺ 호메로스
5-1 일리아스 유영(연세대 명예교수) 값 9,000원
5-2 오디세이아 유영 값 9,000원

❻ 밀턴
6-1 실낙원 이창배(동국대 교수) 값 10,000원

❼ L. 톨스토이
7-1.2 부활 (상) (하) 이철(외대 교수) 값 7,000원
7-3.4 안나 카레니나 (상) (하) 이철 값 12,000원
7-5.6.7.8 전쟁과 평화 1.2.3.4 박형규 각권 10,000원

❽ 토마스 만
8-1 마의 산 (상) 홍경호(한양대 교수) 값 9,000원
8-2 마의 산 (하) 홍경호 값 10,000원

❾ 제임스 조이스
9-1 더블린 사람들 김종건(고려대 교수) 값 10,000원
9-2.3.4.5 율리시즈 1.2.3.4 김종건 값 10,000원
9-6 젊은 예술가의 초상 김종건 값 10,000원
9-7 피네간의 경야(抄) · 詩 · 에피파니 김종건 값 10,000원
9-8 영웅 스티븐 · 망명자들 김종건 값 12,000원

❿ 생 텍쥐페리
10-1 전시 조종사(외) 조규철 값 8,000원
10-2 젊은이의 편지(외) 조규철 · 이정림 값 7,000원
10-3 인생의 의미(외) 조규철(외대 교수) 값 7,000원
10-4.5 성채 (상) (하) 염기용 값 8,000원~10,000원
10-6 야간비행(외) 전채린 · 신경자 값 8,000원

⓫ 단테
11-1.2 신곡 (상) (하) 최현 값 9,000원

⓬ J. W. 괴테
12-1.2 파우스트 (상) (하) 박환덕 값 7,000원~8,000원

⓭ J. 오스틴
13-1 오만과 편견 오화섭(전 연세대 교수) 값 9,000원

⓮ V. 위고
14-1.2.3.4.5 레 미제라블 1.2.3.4.5 방곤 각권 8,000원

⓯ 임어당
15-1 생활의 발견 김병철 값 12,000원

⓰ 루이제 린저
16-1 생의 한가운데 강두식(전 서울대 교수) 값 7,000원

⓱ 게르만 서사시
17 니벨룽겐의 노래 허창운(서울대 교수) 값 13,000원

출판 37년이 일궈낸 세계문학의 보고

대학입시생에게 논리적 사고를 길러주고 대학생에게는 사회진출의 길을 열어주며,
일반 독자에게는 생활의 지혜를 듬뿍 심어주는 문학시리즈로서
범우비평판은 이제 독자여러분의 서가에서 오랜 친구로 늘 함께 할 것입니다.

〈全冊 새로운 편집·장정 / 크라운변형판〉

⑱ E. 헤밍웨이   18-1 · 누구를 위하여 종은 울리나
김병철(중앙대 교수) 값 10,000원
18-2 · 무기여 잘 있거라(외) 김병철 값 12,000원

⑲ F. 카프카   19-1 성(城) 박환덕(서울대 교수) 값 10,000원
19-2 변신 박환덕 값 10,000원
19-3 심판 박환덕 값 8,000원
19-4 실종자 박환덕 값 9,000원

⑳ 에밀리 브론테   20-1 폭풍의 언덕 안동민 값 8,000원

㉑ 마가렛 미첼   21-1.2.3 바람과 함께 사라지다(상)(중)(하)
송관식·이병규 값 10,000원

㉒ 스탕달   22-1 적과 흑 김붕구 값 10,000원

㉓ B. 파스테르나크   23-1 닥터 지바고 오재국(전 육사교수) 값 10,000원

㉔ 마크 트웨인   24-1 톰 소여의 모험 김병철 값 7,000원
24-2 허클베리 핀의 모험 김병철 값 9,000원
24-3.4 마크 트웨인 여행기(상)(하)
박미선 값 10,000원

㉕ 조지 오웰   25-1 동물농장·1984년 김회진 값 10,000원

㉖ 존 스타인벡   26-1.2 분노의 포도(상)(하) 전형기 각권 7,000원
26-3.4 에덴의 동쪽(상)(하)
이성호(한양대 교수) 각권 9,000~10,000원

㉗ 우나무노   27-1 안개 김현창(서울대 교수) 값 7,000원

㉘ C. 브론테   28-1.2 제인 에어(상)(하) 배영원 각권 8,000원

㉙ 헤르만 헤세   29-1 知와 사랑·싯다르타 홍경호 값 9,000원
29-2 데미안·크눌프·로스할데 홍경호 값 9,000원
29-3 페터 카멘친트·게르트루트
박환덕(서울대 교수) 값 9,000원
29-4 유리알 유희 박환덕 값 12,000원

㉚ 알베르 카뮈   30-1 페스트·이방인 방 곤(경희어) 값 9,000원

㉛ 올더스 헉슬리   31-1 멋진 신세계(외) 이성규·허정애 값 10,000원

㉜ 기 드 모파상   32-1 여자의 일생·단편선 이정림 값 10,000원

㉝ 투르게네프   33-1 아버지와 아들 이정림 값 9,000원
33-2 처녀지·루딘 김학수 값 10,000원

㉞ 이미륵   34-1 압록강은 흐른다(외)
정규화(성신여대 교수) 값 10,000원

㉟ T. 드라이저   35-1 시스터 캐리 전형기(한양대 교수) 값 12,000원
35-2.3 미국의 비극(상)(하) 김병철 값 9,000원

㊱ 세르반떼스   36-1 돈 끼호떼 김현창(서울대 교수) 값 12,000원
36-2 (속)돈 끼호떼 김현창(서울대 교수) 값 13,000원

㊲ 나쓰메 소세키   37-1 마음·그 후 서석연 값 12,000원

㊳ 플루타르코스   38-1~8 플루타크 영웅전 1~8
김병철 값 8,000원~9,000원

㊴ 안네 프랑크   39-1 안네의 일기(외)
김남석·서석연(전 동국대 교수) 값 9,000원

㊵ 강용흘   40-1 초당 장문평(문학평론가) 값 10,000원
40-2 동양선비 서양에 가시다
유영(연세대 교수) 값 10,000원

㊶ 나관중   41-1~5 원본 三國志 1~5
황병국(중국문학가) 값 10,000원

㊷ 귄터 그라스   42-1 양철북 박환덕(서울대 교수) 값 10,000원

㊸ 아쿠타가와 류노스케   43-1 아쿠타가와 작품선
진웅기·김진욱(번역문학가) 값 10,000원

㊹ F. 모리악   44-1 떼레즈 데께루·밤의 종말(외)
전채린(충북대 교수) 값 8,000원

㊺ 에리히 M. 레마르크   45-1 개선문
홍경호(한양대 교수·문학박사) 값 12,000원
45-2 그늘진 낙원
홍경호·박상배(한양대 교수) 값 8,000원
45-3 서부전선 이상없다(외)
박환덕(서울대 교수) 값 12,000원

㊻ 앙드레 말로   46-1 희망 이가영(국민대 대우교수) 값 9,000원

㊼ A. J. 크로닌   47-1 성채 공문혜(번역문학가) 값 9,000원

㊽ 하인리히 뵐   48-1 아담 너는 어디 있었느냐(외)
홍경호(한양대 교수) 값 8,000원

㊾ 시몬느 드 보봐르   49-1 타인의 피 전채린(충북대 교수) 값 8,000원

㊿ 보카치오   50-1,2 데카메론(상)(하)
한형곤(외국어대 교수) 각권 11,000원

51 R. 타고르   51-1, 고라
유영(연세대 명예교수) 값 13,000원

52 R. 롤랑   52-1~5, 장 크리스토프
김창석(번역문학가) 값 12,000원

범우사
서울시 마포구 구수동 21-1호
TEL 717-2121, FAX 717-0429
http://www.bumwoosa.co.kr
(천리안·하이텔 ID) BUMWOOSA

주머니 속에 내 친구를! **범 우 문 고**

1 수필 피천득
2 무소유 법정
3 바다의 침묵(외) 베르코르/조규철·이정림
4 살며 생각하며 미우라 아야코/진웅기
5 오, 고독이여 F. 니체/최혁순
6 어린 왕자 A. 생 텍쥐페리/이정림
7 톨스토이 인생론 L. 톨스토이/박형규
8 이 조용한 시간에 김우종
9 시지프의 신화 A. 카뮈/이정림
10 목마른 계절 전혜린
11 젊은이여 인생을… A. 모르아/방곤
12 채근담 홍자성/최현
13 무진기행 김승옥
14 공자의 생애 최현 엮음
15 고독한 당신을 위하여 L. 린저/곽복록
16 김소월 시집 김소월
17 장자 장자/허세욱
18 예언자 K. 지브란/유제하
19 윤동주 시집 윤동주
20 명정 40년 변영로
21 산사에 심은 뜻은 이청담
22 날개 이상
23 메밀꽃 필 무렵 이효석
24 애정은 기도처럼 이영도
25 이브의 천형 김남조
26 탈무드 M. 토케이어/정진태
27 노자도덕경 노자/황병국
28 갈매기의 꿈 R. 바크/김진욱
29 우정론 A. 보나르/이정림
30 명상록 M. 아우렐리우스/황문수
31 젊은 여성을 위한 인생론 P. 벅/김진욱
32 B사감과 러브레터 현진건
33 조병화 시집 조병화
34 느티의 일월 모윤숙
35 로렌스의 성과 사랑 D. H. 로렌스/이성호
36 박인환 시집 박인환
37 모래톱 이야기 김정한
38 창문 김태길
39 방랑 H. 헤세/홍경호
40 손자병법 손무/황병국
41 소설·알렉산드리아 이병주
42 전락 A. 카뮈/이정림
43 사노라면 잊을 날이 윤형두
44 김삿갓 시집 김병연/황병국
45 소크라테스의 변명(외) 플라톤/최현

46 서정주 시집 서정주
47 사람은 무엇으로 사는가 L. 톨스토이/김진욱
48 불가능은 없다 R. 슐러/박호순
49 바다의 선물 A. 린드버그/신상웅
50 잠 못 이루는 밤을 위하여 C. 힐티/홍경호
51 딸깍발이 이희승
52 몽테뉴 수상록 M. 몽테뉴/손석린
53 박재삼 시집 박재삼
54 노인과 바다 E. 헤밍웨이/김회진
55 향연·뤼시스 플라톤/최현
56 젊은 시인에게 보내는 편지 R. 릴케/홍경호
57 피천득 시집 피천득
58 아버지의 뒷모습(외) 주자청(외)/허세욱(외)
59 현대의 신 N. 쿠치키(편)/진철승
60 별·마지막 수업 A. 도데/정봉구
61 인생의 선용 J. 러보크/한영환
62 브람스를 좋아하세요… F. 사강/이정림
63 이동주 시집 이동주
64 고독한 산보자의 꿈 J. 루소/엄기용
65 파이돈 플라톤/최현
66 백장미의 수기 I. 숄/홍경호
67 소년 시절 H. 헤세/홍경호
68 어떤 사람이기에 김동길
69 가난한 밤의 산책 C. 힐티/송영택
70 근원수필 김용준
71 이방인 A. 카뮈/이정림
72 롱펠로 시집 H. 롱펠로/윤삼하
73 명사십리 한용운
74 왼손잡이 여인 P. 한트케/홍경호
75 시민의 반항 H. 소로/황문수
76 민중조선사 전석담
77 동문서답 조지훈
78 프로타고라스 플라톤/최현
79 표본실의 청개구리 염상섭
80 문주반생기 양주동
81 신조선혁명론 박열/서석연
82 조선과 예술 야나기 무네요시/박재삼
83 중국혁명론 모택동(외)/박광종 엮음
84 탈출기 최서해
85 바보네 가게 박연구
86 도왜실기 김구/엄항섭 엮음
87 슬픔이여 안녕 F. 사강/이정림·방곤
88 공산당 선언 K. 마르크스·F. 엥겔스/서석연
89 조선문학사 이명선
90 권태 이상

문고판/각권 값 2,000~2,800원 ➤ 계속 펴냅니다

91 내 마음속의 그들 한승헌
92 노동자강령 F. 라살레/서석연
93 장씨 일가 유주현
94 백설부 김진섭
95 에코스파즘 A. 토플러/김진욱
96 가난한 농민에게 바란다 N. 레닌/이정일
97 고리키 단편선 M. 고리키/김영국
98 러시아의 조선침략사 송정환
99 기재기이 신광한/박헌순
100 홍경래전 이명선
101 인간만사 새옹지마 리영희
102 청춘을 불사르고 김일엽
103 모범경작생(외) 박영준
104 방망이 깎던 노인 윤오영
105 찰스 램 수필선 C. 램/양병석
106 구도자 고은
107 표해록 장한철/정병욱
108 월광곡 홍난파
109 무서록 이태준
110 나생문(외) 아쿠타가와 류노스케/진웅기
111 해변의 시 김동석
112 발자크와 스탕달의 예술논쟁 김진욱
113 파한집 이인로/이상보
114 역사소품 곽말약/김승일
115 체스·아내의 불안 S. 츠바이크/오영옥
116 복덕방 이태준
117 실천론(외) 모택동/김승일
118 순오지 홍만종/전규태
119 직업으로서의 학문·정치 M. 베버/김진욱(외)
120 요재지이 포송령/진기환
121 한설야 단편선 한설야
122 쇼펜하우어 수상록 쇼펜하우어/최혁순
123 유태인의 성공법 M. 토케이어/진웅기
124 레디메이드 인생 채만식
125 인물 삼국지 모리야 히로시/김승일
126 한글 명심보감 장기근 옮김
127 조선문화사서설 모리스 쿠랑/김수경
128 역옹패설 이제현/이상보
129 문장강화 이태준
130 중용·대학 차주환
131 조선미술사연구 윤희순
132 옥중기 오스카 와일드/임헌영
133 유태인식 돈벌이 후지다 덴/지방훈
134 가난한 날의 행복 김소운
135 세계의 기적 박광순
136 이퇴계의 활인심방 정숙
137 카네기 처세술 데일 카네기/전민식
138 요로원야화기 김승일
139 푸슈킨 산문 소설집 푸슈킨/김영국
140 삼국지의 지혜 황의백
141 슬견설 이규보/장덕순
142 보리 한흑구
143 에머슨 수상록 에머슨/윤삼하
144 이사도라 덩컨의 무용에세이 I. 덩컨/최혁순
145 북학의 박제가/김승일
146 두뇌혁명 T.R. 블랙슬리/최현
147 베이컨 수상록 베이컨/최혁순
148 동백꽃 김유정
149 하루 24시간 어떻게 살 것인가 A. 베넷/이은순
150 평민한문학사 허경진
151 정선아리랑 김병하·김연갑 공편
152 독서요법 황의백 엮음
153 나는 왜 기독교인이 아닌가 B. 러셀/이재황
154 조선사 연구(草) 신채호
155 중국의 신화 장기근
156 무병장생 건강법 배기성 엮음
157 조선위인전 신채호
158 정감록비결 편집부 엮음
159 유태인 상술 후지다 덴
160 동물농장 조지 오웰
161 신록 예찬 이양하
162 진도 아리랑 박병훈·김연갑
163 책이 좋아 책하고 사네 윤형두
164 속담에세이 박연구
165 중국의 신화(후편) 장기근
166 중국인의 에로스 장기근
167 귀여운 여인(외) A. 체호프/박형규
168 아리스토파네스 희곡선 아리스토파네스/최 현
169 세네카 희곡선 테렌티우스/최 현
170 테렌티우스 희곡선 테렌티우스/최 현
171 외투·코 고골리/김영국
172 카르멘 메리메/김진욱
173 방법서설 데카르트/김진욱
174 페이터의 산문 페이터/이성호
175 이해사회학의 카테고리 베버/김진욱
176 러셀의 수상록 러셀/이성규
177 속악유희 최영년/황순구
178 권리를 위한 투쟁 R. 예링/심윤종
179 돌과의 문답 이규보/장덕순
180 성황당(외) 정비석
181 양쯔강(외) 펄 벽/김병걸
182 봄의 수상(외) 조지 기싱/이창배

 범우사

서울시 마포구 구수동 21-1호 TEL 717-2121, FAX 717-0429
http://www.bumwoosa.co.kr (E-mail) bumwoosa@chollian.net

온고지신(溫故知新)으로 희망찬 21세기를!

현대사회를 보다 새로운 시각으로 종합진단하여
그 처방을 제시해주는

범우사상신서

1 자유에서의 도피 E. 프롬/이상두
2 젊은이여 오늘을 이야기하자 렉스프레스誌/방곤 · 최혁순
3 소유냐 존재냐 E. 프롬/최혁순
4 불확실성의 시대 J. 갈브레이드/박현채 · 전철환
5 마르쿠제의 행복론 L. 마르쿠제/황문수
6 너희도 神처럼 되리라 E. 프롬/최혁순
7 의혹과 행동 E. 프롬/최혁순
8 토인비와의 대화 A. 토인비/최혁순
9 역사란 무엇인가 E. 카/김승일
10 시지프의 신화 A. 카뮈/이정림
11 프로이트 심리학 입문 C.S. 홀/안귀여루
12 근대국가에 있어서의 자유 H. 라스키/이상두
13 비극론 · 인간론(외) K. 야스퍼스/황문수
14 엔트로피 J. 리프킨/최현
15 러셀의 철학노트 B. 페인버그 · 카스릴스(편)/최혁순
16 나는 믿는다 B. 러셀(외)/최혁순 · 박상규
17 자유민주주의에 희망은 있는가 C. 맥퍼슨/이상두
18 지식인의 양심 A. 토인비(외)/임현영
19 아웃사이더 C. 윌슨/이성규
20 미학과 문화 H. 마르쿠제/최현 · 이근영
21 한일합병사 야마베 겐타로/안병무
22 이데올로기의 종언 D. 벨/이상두
23 자기로부터의 혁명 ① J. 크리슈나무르티/권동수
24 자기로부터의 혁명 ② J. 크리슈나무르티/권동수
25 자기로부터의 혁명 ③ J. 크리슈나무르티/권동수
26 잠에서 깨어나라 B. 라즈니시/길연
27 역사학 입문 E. 베른하임/박광순
28 법화경 이야기 박혜경
29 융 심리학 입문 C.S. 홀(외)/최현
30 우연과 필연 J. 모노/김진욱
31 역사의 교훈 W. 듀란트(외)/천희상
32 방관자의 시대 P. 드러커/이상두 · 최혁순
33 건전한 사회 E. 프롬/김병익
34 미래의 충격 A. 토플러/장을병
35 작은 것이 아름답다 E. 슈마허/김진욱
36 관심의 불꽃 J. 크리슈나무르티/강옥구
37 종교는 필요한가 B. 러셀/이재황
38 불복종에 관하여 E. 프롬/문국주
39 인물로 본 한국민족주의 장을병
40 수탈된 대지 E. 갈레아노/박광순
41 대장정─작은 거인 등소평 H. 솔즈베리/정성호
42 초월의 길 완성의 길 마하리시/이병기
43 정신분석학 입문 S. 프로이트/서석연
44 철학적 인간 종교적 인간 황필호
45 권리를 위한 투쟁(외) R. 예링/심윤종 · 이주향
46 창조와 용기 R. 메이/안병무
47 꿈의 해석(상 · 하) S. 프로이트/서석연
48 제3의 물결 A. 토플러/김진욱
49 역사의 연구① D. 서머벨 엮음/박광순
50 역사의 연구② D. 서머벨 엮음/박광순
51 건건록 무쓰 무네미쓰/김승일
52 가난이야기 가와카미 하지메/서석연
53 새로운 세계사 마르크 페로/박광순
54 근대 한국과 일본 나카스카 아키라/김승일
55 일본 자본주의의 정신 야마모토 시치헤이/김승일 · 이근원
▶ 계속 펴냅니다

 범우사 서울시 마포구 구수동 21-1호. 전화 717-2121 FAX 717-0429
http://www.bumwoosa.co.kr (천리안 · 하이텔 ID) BUMWOOSA

온고지신(溫故知新)으로 21세기를!

범우고전선

시대를 초월해 인간성 구현의 모범으로 삼을 만한 책을 엄선

1	유토피아 토마스 모어/황문수	29	국부론(상) A. 스미스/최호진·정해동
2	오이디푸스 王 소포클레스/황문수	30	국부론(하) A. 스미스/최호진·정해동
3	명상록·행복론 M.아우렐리우스·L.세네카/황문수·최현	31	펠로폰네소스 전쟁사(상) 투키디데스/박광순
4	깡디드 볼떼르/염기용	32	펠로폰네소스 전쟁사(하) 투키디데스/박광순
5	군주론·전술론(외) 마키아벨리/이상두	33	孟子 차주환 옮김
6	사회계약론(외) J. 루소/이태일·최현	34	아방강역고 정약용/이민수
7	죽음에 이르는 병 키에르케고르/박환덕	35	서구의 몰락 ① 슈펭글러/박광순
8	천로역정 존 버니언/이현주	36	서구의 몰락 ② 슈펭글러/박광순
9	소크라테스 회상 크세노폰/최혁순	37	서구의 몰락 ③ 슈펭글러/박광순
10	길가메시 서사시 N. K. 샌다즈/이현주	38	명심보감 장기근
11	독일 국민에게 고함 J. G. 피히테/황문수	39	월든 H. D. 소로/양병석
12	히페리온 F. 횔덜린/홍경호	40	한서열전 반고/홍대표
13	수타니파타 김운학 옮김	41	참다운 사랑의 기술과 허튼 사랑의 질책 안드레아스/김영락
14	쇼펜하우어 인생론 A. 쇼펜하우어/최현	42	종합 탈무드 마빈 토케이어(외)/전풍자
15	톨스토이 참회록 L. N. 톨스토이/박형규	43	백운화상어록 백운화상/석찬선사
16	존 스튜어트 밀 자서전 J. S. 밀/배영원	44	조선복식고 이여성
17	비극의 탄생 F. W. 니체/곽복록	45	불조직지심체요절 백운선사/박문열
18-1	에 밀(상) J. J. 루소/정봉구	46	마가렛 미드 자서전 M.미드/최혁순·최인옥
18-2	에 밀(하) J. J. 루소/정봉구	47	조선사회경제사 백남운/박광순
19	팡 세 B. 파스칼/최현·이정림	48	고전을 보고 세상을 읽는다 모리야 히로시/김승일
20-1	헤로도토스 歷史(상) 헤로도토스/박광순	49	한국통사 박은식/김승일
20-2	헤로도토스 歷史(하) 헤로도토스/박광순	50	콜럼버스 항해록 라스 카사스 신부 엮음/박광순
21	성 아우구스티누스 고백록 A. 아우구스티누/김평옥	51	삼민주의 쑨원/김승일(외) 옮김
22	예술이란 무엇인가 L. N. 톨스토이/이철	52-1	나의 생애(상) L. 트로츠키/박광순
23	나의 투쟁 A. 히틀러/서석연	52-1	나의 생애(하) L. 트로츠키/박광순
24	論語 황병국 옮김	53	북한산 역사지리 김윤우
25	그리스·로마 희곡선 아리스토파네스(외)/최현	54-1	몽계필담(상) 심괄/최병규
26	갈리아 戰記 G. J. 카이사르/박광순	54-1	몽계필담(하) 심괄/최병규
27	善의 연구 니시다 기타로/서석연		
28	육도·삼략 하재철 옮김		

▶ 계속 펴냅니다

범우사 서울시 마포구 구수동 21-1호 TEL 717-2121, FAX 717-0429
http://www.bumwoosa.co.kr (E-mail) bumwoosa@chollian.net

범우학술·평론·예술

방송의 현실과 이론 김한철

독서의 기술 모티머 J./민병덕 옮김

한자 디자인 한편집센터 엮음

한국 정치론 장을병

여론 선전론 이상철

전환기의 한국정치 장을병

사뮤엘슨 경제학 해설 김유송

현대 화학의 세계 일본화학회 엮음

신저작권법 축조개설 허희성

방송저널리즘 신현응

독서와 출판문화론 이정춘·이종국 편저

잡지출판론 안춘근

인쇄커뮤니케이션 입문 오경호 편저

출판물 유통론 윤형두

통합적 마케팅 커뮤니케이션 김광수(외) 옮김

'83~'97 출판학 연구 한국출판학회

자아커뮤니케이션 최창섭

현대신문방송보도론 팽원순

국제출판개발론 미노와/안춘근 옮김

민족문학의 모색 윤병로

변혁운동과 문학 임헌영

조선사회경제사 백남운

한국정치의 이해 장을병

조선경제사 탐구 전석담(외)

한국전적인쇄사 천혜봉

한국서지학원론 안춘근

현대매스커뮤니케이션의 제문제 이강수

한국상고사연구 김정학

중국현대문학발전사 황수기

광복전후사의 재인식 Ⅰ, Ⅱ 이현희

한국의 고지도 이 찬

하나되는 한국사 고준환

조선후기의 활자와 책 윤병태

신한국사의 탐구 김용덕

독립운동사의 제문제 윤병석(외)

한국현실 한국사회학 한완상

텔레비전과 페미니즘 김선남·김홍규

아동문학교육론 B. 화이트헤드

한국의 청동기문화 국립중앙박물관

겸재정선 진경산수화 최완수

한국 서지의 전개과정 안춘근

독일 현대작가와 문학이론 박환덕(외)

정도 600년 서울지도 허영환

신선사상과 도교 도광순(한국도교학회)

언론학 원론 한국언론학회 편

한국방송사 이범경

카프카문학연구 박환덕

한국민족운동사 김창수

비교텔레콤論 질힐/금동호 옮김

북한산 역사지리 김윤우

한국회화소사 이동주

출판학원론 범우사 편집부

한국과거제도사 연구 조좌호

독문학과 현대성 정규화교수간행위원회편

겸재진경산수 최완수

한국미술사대요 김용준

한국목활자본 천혜봉

한국금속활자본 천혜봉

한국기독교 청년운동사 전택부

한시로 엮은 한국사 기행 심경호

출판물 판매기술 윤형두

우루과이라운드와 한국의 미래 허신행

기사 취재에서 작성까지 김숙현

세계의 문자 세계문자연구회/김승일 옮김

불조직지심체요절 백운선사/박문열 옮김

임시정부와 이시영 이은우

매스미디어와 여성 김선남

눈으로 보는 책의 역사 안춘근·윤형두 편저

현대노어학 개론 조남신

교양 언론학 강좌 최창섭(외)

통합 데이타베이스 마케팅 시스템 김정수

문화간 커뮤니케이션의 이해 최윤희·김숙현

범우사 서울시 마포구 구수동 21-1
전화 717-2121 FAX 717-0429

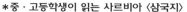

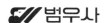